Alphonse Allais

À se tordre

45 histoires chatnoiresques

UltraLetters

UltraLetters Publishing

Titre: A se tordre

Auteur: Alphonse Allais

Première publication: 1891

ISBN: 978-2-930718-39-2

www.UltraLetters.com

UltraLetters Publishing, Brussels.
contact@UltraLetters.com

Table des matières

Alphonse Allais en 1900.

1. UN PHILOSOPHE

Je m'étais pris d'une profonde sympathie pour ce grand flemmard de gabelou qui me semblait l'image même de la douane, non pas de la douane tracassière des frontières terriennes, mais de la bonne douane flâneuse et contemplative des falaises et des grèves.

Son nom était Pascal ; or, il aurait dû s'appeler Baptiste, tant il apportait de douce quiétude à accomplir tous les actes de sa vie.

Et c'était plaisir de le voir, les mains derrière le dos, traîner lentement ses trois heures de faction sur les quais, de préférence ceux où ne s'amarraient que des barques hors d'usage et des yachts désarmés.

Aussitôt son service terminé, vite Pascal abandonnait son pantalon bleu et sa tunique verte pour enfiler une cotte de toile et une longue blouse à laquelle des coups de soleil sans nombre et des averses diluviennes (peut-être même antédiluviennes) avaient donné ce ton spécial qu'on ne trouve que sur le dos des pêcheurs à la ligne. Car Pascal pêchait à la ligne, comme feu monseigneur le prince de Ligne lui-même.

Pas un comme lui pour connaître les bons coins dans les bassins et appâter judicieusement, avec du ver de terre, de la crevette cuite, de la crevette crue ou toute autre nourriture traîtresse.

Obligeant, avec cela, et ne refusant jamais ses conseils aux débutants. Aussi avions-nous lié rapidement connaissance tous deux.

Une chose m'intriguait chez lui ; c'était l'espèce de petite classe qu'il traînait chaque jour à ses côtés : trois garçons et deux filles, tous différents de visage et d'âge.

Ses enfants ? Non, car le plus petit air de famille ne se remarquait sur leur physionomie. Alors, sans doute, des petits voisins.

Pascal installait les cinq mômes avec une grande sollicitude, le plus jeune tout près de lui, l'aîné à l'autre bout.

Et tout ce petit monde se mettait à pêcher comme des hommes, avec un sérieux si comique que je ne pouvais les regarder sans rire.

Ce qui m'amusait beaucoup aussi, c'est la façon dont Pascal désignait chacun des gosses.

Au lieu de leur donner leur nom de baptême, comme cela se pratique généralement, Eugène, Victor ou Émile, il leur attribuait une profession ou une nationalité.

Il y avait le *Sous-inspecteur*, la *Norvégienne*, le *Courtier*, l'*Assureuse*, et *Monsieur l'abbé*.

Le *Sous-inspecteur* était l'aîné, et *Monsieur l'abbé* le plus petit.

Les enfants, d'ailleurs, semblaient habitués à ces désignations, et quand Pascal disait : « *Sous-inspecteur*, va me chercher quatre sous de tabac », le *Sous-inspecteur* se levait gravement et accomplissait sa mission sans le moindre étonnement.

Un jour, me promenant sur la grève, je rencontrai mon ami Pascal en faction, les bras croisés, la carabine en bandoulière, et contemplant mélancoliquement le soleil tout prêt à se coucher, là-bas, dans la mer.

— Un joli spectacle, Pascal !

— Superbe ! On ne s'en lasserait jamais.

— Seriez-vous poète ?

— Ma foi ! non ; je ne suis qu'un simple gabelou, mais ça n'empêche pas d'admirer la nature.

Brave Pascal ! Nous causâmes longuement et j'appris enfin l'origine des appellations bizarres dont il affublait ses jeunes camarades de pêche.

— Quand j'ai épousé ma femme, elle était bonne chez le sous-inspecteur des douanes. C'est même lui qui m'a engagé à l'épouser. Il savait bien ce qu'il faisait, le bougre, car six mois après elle accouchait de notre aîné, celui que j'appelle le *Sous-inspecteur*, comme de juste. L'année suivante, ma femme avait une petite fille qui ressemblait tellement à un grand jeune homme norvégien dont elle faisait le ménage, que je n'eus pas une minute de doute. Celle-là, c'est la *Norvégienne*. Et puis, tous les ans, ça a continué. Non pas que ma femme soit plus dévergondée qu'une autre, mais elle a trop bon cœur. Des natures comme ça, ça ne sait pas refuser. Bref, j'ai sept enfants, et il n'y a que le dernier qui soit de moi.

— Et celui-là, vous l'appelez le *Douanier* je suppose ?

— Non, je l'appelle le *Cocu*, c'est plus gentil.

L'hiver arrivait ; je dus quitter Houlbec, non sans faire de touchants adieux à mon ami Pascal et à tous ses petits fonctionnaires. Je leur offris même de menus cadeaux qui les comblèrent de joie.

L'année suivante, je revins à Houlbec pour y passer l'été.

Le jour même de mon arrivée, je rencontrais *la Norvégienne* en train de *faire des commissions*.

Ce qu'elle était devenue jolie, cette petite *Norvégienne* !

Avec ses grands yeux vert de mer et ses cheveux d'or pâle, elle semblait une de ces fées blondes des légendes scandinaves. Elle me reconnut et courut à moi.

Je l'embrassai :

— Bonjour, *Norvégienne*, comment vas-tu ?

— Ça va bien, monsieur, je vous remercie.

— Et ton papa ?

— Il va bien, monsieur, je vous remercie.

— Et ta maman, ta petite sœur, tes petits frères ?

— Tout le monde va bien, monsieur, je vous remercie. Le *Cocu* a eu la rougeole cet hiver, mais il est tout à fait guéri maintenant… et puis, la semaine dernière, maman a accouché d'un petit *juge de paix*.

2. FERDINAND

Les bêtes ont-elles une âme ? Pourquoi n'en auraient-elles pas ? J'ai rencontré, dans la vie, une quantité considérable d'hommes, dont quelques femmes, bêtes comme des oies, et plusieurs animaux pas beaucoup plus idiots que bien des électeurs.

Et même — je ne dis pas que le cas soit très fréquent — j'ai personnellement connu un canard qui avait du génie.

Ce canard, nommé Ferdinand, en l'honneur du grand Français, était né dans la cour de mon parrain, le marquis de Belveau, président du comité d'administration de la *Société générale d'affichage dans les tunnels*.

C'est dans la propriété de mon parrain que je passais toutes mes vacances, mes parents exerçant une industrie insalubre dans un milieu confiné.

(Mes parents — j'aime mieux le dire tout de suite, pour qu'on ne les accuse pas d'indifférence à mon égard — avaient établi une raffinerie de phosphore dans un appartement au cinquième étage, rue des Blancs-Manteaux, composé d'une chambre, d'une cuisine et d'un petit cabinet de débarras, servant de salon.)

Un véritable éden, la propriété de mon parrain ! Mais c'est surtout la basse-cour où je me plaisais le mieux, probablement parce que c'était l'endroit le plus sale du domaine.

Il y avait là, vivant dans une touchante fraternité, un cochon adulte, des lapins de tout âge, des volailles polychromes et des canards à se mettre à genoux devant, tant leur ramage valait leur plumage.

Là, je connus Ferdinand, qui, à cette époque, était un jeune canard dans les deux ou trois mois. Ferdinand et moi, nous nous plûmes rapidement.

Dès que j'arrivais, c'étaient des coincoins de bon accueil, des frémissements d'ailes, toute une bruyante manifestation d'amitié qui m'allait droit au cœur.

Aussi l'idée de la fin prochaine de Ferdinand me glaçait-elle le cœur de désespoir.

Ferdinand était fixé sur sa destinée, *conscius sui fati*. Quand on lui apportait dans sa nourriture des épluchures de navets ou des cosses de petits pois, un rictus amer crispait les commissures de son bec, et comme un nuage de mort voilait d'avance ses petits yeux jaunes.

Heureusement que Ferdinand n'était pas un canard à se laisser mettre à la broche comme un simple dindon : « Puisque je ne suis pas le plus fort, se disait-il, je serai le plus malin », et il mit tout en œuvre pour ne connaître jamais les hautes températures de la rôtissoire ou de la casserole.

Il avait remarqué le manège qu'exécutait la cuisinière, chaque fois qu'elle avait besoin d'un sujet de la basse-cour. La cruelle fille saisissait l'animal, le soupesait, le palpait soigneusement, pelotage suprême !

Ferdinand se jura de ne point engraisser et il se tint parole.

Il mangea fort peu, jamais de féculents, évita de boire pendant ses repas, ainsi que le recommandent les meilleurs médecins. Beaucoup d'exercice.

Ce traitement ne suffisant pas, Ferdinand, aidé par son instinct et de rares aptitudes aux sciences naturelles, pénétrait de nuit dans le jardin et absorbait les plantes les plus purgatives, les racines les plus drastiques.

Pendant quelque temps, ses efforts furent couronnés de succès, mais son pauvre corps de canard s'habitua à ces drogues, et mon infortuné Ferdinand regagna vite le poids perdu.

Il essaya des plantes vénéneuses à petites doses, et suça quelques feuilles d'un *Datura Stramonium* qui jouait dans les massifs de mon parrain un rôle épineux et décoratif.

Ferdinand fut malade comme un fort cheval et faillit y passer.

L'électricité s'offrit à son âme ingénieuse, et je le surpris souvent, les yeux levés vers les fils télégraphiques qui rayaient l'azur, juste au-dessus de la basse-cour ; mais ses pauvres ailes atrophiées refusèrent de le monter si haut.

Un jour, la cuisinière, impatientée de cette étisie incoercible, empoigna Ferdinand, lui lia les pattes en murmurant : « Bah ! à la casserole, avec une bonne platée de petits pois !... »

La place me manque pour peindre ma consternation.

Ferdinand n'avait plus qu'une seule aurore à voir luire.

Dans la nuit je me levai pour porter à mon ami le suprême adieu, et voici le spectacle qui s'offrit à mes yeux :

Ferdinand, les pattes encore liées, s'était traîné jusqu'au seuil de la cuisine. D'un mouvement énergique de friction alternative, il aiguisait son bec sur la marche de granit. Puis, d'un coup sec, il coupa la ficelle qui l'entravait et se retrouva debout sur ses pattes un peu engourdies.

Tout à fait rassuré, je regagnai doucement ma chambre et m'endormis profondément.

Au matin, vous ne pouvez pas vous faire une idée des cris remplissant la maison. La cuisinière, dans un langage malveillant, trivial et tumultueux, annonçait à tous la fuite de Ferdinand.

— Madame ! madame ! Ferdinand qui a fichu le camp !

Cinq minutes après, une nouvelle découverte la jeta hors d'elle-même :

— Madame ! madame ! Imaginez-vous qu'avant de partir, ce cochon-là a boulotté tous les petits pois qu'on devait lui mettre avec !

Je reconnaissais bien, à ce trait, mon vieux Ferdinand.

Qu'a-t-il pu devenir, par la suite ?

Peut-être a-t-il appliqué au mal les merveilleuses facultés dont la nature, *alma parens*, s'était plu à le gratifier.

Qu'importe ? Le souvenir de Ferdinand me restera toujours comme celui d'un rude lapin.

Et à vous aussi, j'espère !

3. MŒURS DE CE TEMPS-CI

À la fois très travailleur et très bohème, il partage son temps entre l'atelier et la brasserie, entre son vaste atelier du boulevard Clichy et les gais cabarets de Montmartre.

Aussi sa mondanité est-elle restée des plus embryonnaires.

Dernièrement, il a eu un portrait à faire, le portrait d'une dame, d'une bien grande dame, une haute baronne de la finance doublée d'une Parisienne exquise.

Et il s'en est admirablement tiré.

Elle est venue sur la toile comme elle est dans la vie, c'est-à-dire charmante et savoureuse avec ce je ne sais quoi d'éperdu.

Au prochain Salon, après avoir consulté un décevant livret, chacun murmurera, un peu troublé :

« Je voudrais bien savoir quelle est cette baronne. »

Et elle a été si contente de son portrait, qu'elle a donné en l'honneur de son peintre un dîner, un grand dîner.

Au commencement du repas, il a bien été un peu gêné dans sa redingote inaccoutumée, mais il s'est remis peu à peu.

Au dessert, s'il avait eu sa pipe, sa bonne pipe, il aurait été tout à fait heureux.

On a servi le café dans la serre, une merveille de serre où l'industrie de l'Orient semble avoir donné rendez-vous à la nature des Tropiques.

Il est tout à fait à son aise maintenant, et il lâche les brides à ses plus joyeux paradoxes que les convives écoutent gravement, avec un rien d'ahurissement.

Puis tout en causant, pendant que la baronne remplit son verre d'un infiniment vieux cognac, il saisit les soucoupes de ses voisins et les dispose en pile devant lui.

Et comme la baronne contemple ce manège, non sans étonnement, il lui dit, très gracieux :

— *Laissez, baronne, c'est ma tournée.*

4. EN BORDÉE

Le jeune et brillant maréchal des logis d'artillerie Raoul de Montcocasse est radieux.

On vient de le charger d'une mission qui, tout en flattant son amour-propre de sous-officier, lui assure pour le lendemain une de ces bonnes journées qui comptent dans l'existence d'un canonnier.

Il s'agit d'aller à Saint-Cloud avec trois hommes prendre possession d'une pièce d'artillerie et de la ramener au fort de Vincennes.

Rassurez-vous, lecteurs pitoyables, cette histoire se passe en temps de paix et, durant toute cette page, notre ami Raoul ne courra pas de sérieux dangers.

Dès l'aube, tout le monde était prêt, et la petite cavalcade se mettait en route. Un temps superbe !

— Jolie journée ! fit Raoul en caressant l'encolure de son cheval.

En disant *jolie journée*, Raoul ne croyait pas si bien dire, car pour une jolie journée, ce fut une jolie journée.

On arriva à Saint-Cloud sans encombre, mais avec un appétit ! Un appétit d'artilleur qui rêve que ses obus sont en mortadelle !

Très en fonds ce jour-là, Raoul offrit à ses hommes un plantureux déjeuner à la *Caboche verte*. Tout en fumant un bon cigare, on prit un bon café et un bon pousse-café, suivi lui-même de quelques autres bons pousse-café, et on était très rouge quand on songea à se faire livrer la pièce en question.

— Ne nous mettons pas en retard, remarqua Raoul.

Je crois avoir observé plus haut qu'il faisait une jolie journée ; or, une jolie journée ne va pas sans un peu de chaleur, et la chaleur est bien connue pour donner soif à la troupe en général, et particulièrement à l'artillerie qui est une arme d'élite.

Heureusement, la Providence, qui veille à tout, a saupoudré les bords de la Seine d'un nombre appréciable de joyeux mastroquets, humecteurs jamais las des gosiers desséchés.

Raoul et ses hommes absorbèrent des flots de ce petit Argenteuil qui vous évoque bien mieux l'idée du saphir que du rubis, et qui vous entre dans l'estomac comme un tire-bouchon.

On arrivait aux fortifications.

— Pas de blagues, maintenant ! commande Montcocasse plein de dignité, nous voilà en ville.

Et les artilleurs, subitement envahis par le sentiment du devoir, s'appliquèrent à prendre des attitudes décoratives, en rapport avec la mission qu'ils accomplissaient.

Le canon lui-même, une bonne pièce de Bange de 90, sembla redoubler de gravité.

À la hauteur du pont Royal, Raoul se souvint qu'il avait tout près, dans le faubourg Saint-Germain, une brave tante qu'il avait désolée par ses jeunes débordements.

— C'est le moment, se dit-il, de lui montrer que je suis arrivé à quelque chose.

Au grand galop, avec l'épouvantable tumulte du bronze sur les pavés de la rue de l'Université, on arriva devant le vieil hôtel de la douairière de Montcocasse.

Tout le monde était aux fenêtres, la douairière comme les autres.

Raoul fit caracoler son cheval, mit le sabre au clair, et, saisissant son képi comme il eût fait de quelque feutre empanaché, il salua sa tante ahurie — tels les preux, ses ancêtres — et disparut, lui, ses hommes et son canon, comme en rêve.

La petite troupe, toujours au galop, enfila la rue de Vaugirard et l'on se trouva bientôt à l'Odéon.

Justement, il y avait un encombrement. Un omnibus : *Panthéon-Place-Courcelles* jonchait le sol, un essieu brisé.

Toutes les petites femmes de la *Brasserie Médicis* étaient sur la porte, ravies de l'accident.

Raoul, qui avait été l'un de leurs meilleurs clients, fut reconnu tout de suite :

— Raoul ! Ohé Raoul ! Descends donc de ton cheval, hé feignant !

Sans être pour cela un *feignant*, Raoul descendit de son cheval, et ne crut pas devoir passer si près du *Médicis* sans offrir une tournée à ces dames.

Avec la solidarité charmante des dames du quartier Latin, Nana conseilla fortement à Raoul d'aller voir Camille, au *Furet*. Ça lui ferait bien plaisir.

Effectivement, cela fit grand plaisir à Camille de voir son ami Raoul en si bel attirail.

— Va donc dire bonjour à Palmyre, au *Coucou*. Ça lui fera bien plaisir.

On alla dire bonjour à Palmyre, laquelle envoya Raoul dire bonjour à Renée, au *Pantagruel*.

Docile et tapageur, le bon canon suivait l'orgie, l'air un peu étonné du rôle insolite qu'on le forçait à jouer.

Les petites femmes se faisaient expliquer le mécanisme de l'engin meurtrier, et même Blanche, du *d'Harcourt*, eut à ce propos une réflexion que devraient bien méditer les monarques belliqueux :

— Faut-il que les hommes soient bêtes de fabriquer des machines comme ça, pour se tuer... comme si on ne claquait pas assez vite tout seul !

De bocks en fines-champagnes, de fines-champagnes en absinthes-anisettes, d'absinthes en bitters, on arriva tout doucement à sept heures du soir.

Il était trop tard pour rentrer. On dîna au quartier Latin, et on y passa la soirée.

Les sergents de ville commençaient à s'inquiéter de ce bruyant canon et de ces chevaux fumants qu'on rencontrait dans toutes les rues à des allures inquiétantes.

Mais que voulez-vous que la police fasse contre l'artillerie ?

Au petit jour, Raoul, ses hommes et son canon faisaient une entrée modeste dans le fort de Vincennes.

Au risque d'affliger le lecteur sensible, j'ajouterai que le pauvre Raoul fut cassé de son grade et condamné à quelques semaines de prison.

À la suite de cette aventure, complètement dégoûté de l'artillerie, il obtint de passer dans un régiment de spahis, dont il devint tout de suite le plus brillant ornement.

5. UN MOYEN COMME UN AUTRE

— Il y avait une fois un oncle et un neveu…

— Lequel qu'était l'oncle ?

— Comment, lequel ? C'était le plus gros, parbleu !

— C'est donc gros, les oncles ?

— Souvent.

— Pourtant, mon oncle Henri n'est pas gros.

— Ton oncle Henri n'est pas gros parce qu'il est artiste.

— C'est donc pas gros, les artistes ?

— Tu m'embêtes… Si tu m'interromps tout le temps, je ne pourrai pas continuer mon histoire.

— Je ne vais plus t'interrompre, va.

— Il y avait une fois un oncle et un neveu. L'oncle était très riche, très riche…

— Combien qu'il avait d'argent ?

— Dix-sept cent milliards de rente, et puis des maisons, des voitures, des campagnes…

— Et des chevaux ?

— Parbleu ! puisqu'il avait des voitures.

— Des bateaux… Est-ce qu'il avait des bateaux ?

— Oui, quatorze.

— À vapeur !

— Il y en avait trois à vapeur, les autres étaient à voiles.

— Et son neveu, est-ce qu'il allait sur les bateaux ?

— Fiche-moi la paix ! Tu m'empêches de te raconter l'histoire.

— Raconte-la, va, je ne vais plus t'empêcher.

— Le neveu, lui, n'avait pas le sou, et ça l'embêtait énormément…

— Pourquoi que son oncle lui en donnait pas ?

— Parce que son oncle était un vieil avare qui aimait mieux garder tout son argent pour lui. Seulement, comme le neveu était le seul héritier du bonhomme…

— Qu'est que c'est « *héritier* » ?

— Ce sont les gens qui vous prennent votre argent, vos meubles, tout ce que vous avez, quand vous êtes mort…

— Alors, pourquoi qu'il ne tuait pas son oncle, le neveu ?

— Eh bien ! tu es joli, toi ! Il ne tuait pas son oncle parce qu'il ne faut pas tuer son oncle, dans aucune circonstance, même pour en hériter.

— Pourquoi qu'il ne faut pas tuer son oncle ?

— À cause des gendarmes.

— Mais si les gendarmes le savent pas ?

— Les gendarmes le savent toujours, le concierge va les prévenir. Et puis, du reste, tu vas voir que le neveu a été plus malin que ça. Il avait remarqué que son oncle, après chaque repas, était rouge…

— Peut-être qu'il était saoul.

— Non, c'était son tempérament comme ça. Il était apoplectique…

— Qu'est-ce que c'est « *aplopecpite* » ?

— Apoplectique… Ce sont des gens qui ont le sang à la tête et qui peuvent mourir d'une forte émotion…

— Moi, je suis-t-y apoplectique ?

— Non, et tu ne le seras jamais. Tu n'as pas une nature à ça. Alors le neveu avait remarqué que surtout les grandes rigolades rendaient son oncle malade, et même une fois il avait failli mourir à la suite d'un éclat de rire trop prolongé.

— Ça fait donc mourir, de rire ?

— Oui, quand on est apoplectique… Un beau jour, voilà le neveu qui arrive chez son oncle, juste au moment où il sortait de table. Jamais il n'avait si bien dîné. Il était rouge comme un coq et soufflait comme un phoque…

— Comme les phoques du Jardin d'acclimatation ?

— Ce ne sont pas des phoques, d'abord, ce sont des otaries. Le neveu se dit : « Voilà le bon moment », et il se met à raconter une histoire drôle, drôle…

— Raconte-la-moi, dis ?

— Attends un instant, je vais te la dire à la fin… L'oncle écoutait l'histoire, et il riait, il riait à se tordre, si bien qu'il était mort de rire avant que l'histoire fût complètement terminée.

— Quelle histoire donc qu'il lui a racontée ?

— Attends une minute… Alors, quand l'oncle a été mort, on l'a enterré, et le neveu a hérité…

— Il a pris aussi les bateaux ?

— Il a tout pris, puisqu'il était seul héritier.

— Mais quelle histoire qu'il lui avait racontée, à son oncle ?

— Eh bien !… celle que je viens de te raconter.

— Laquelle ?

— Celle de l'oncle et du neveu.

— Fumiste, va !

— Et toi, donc !

6. COLLAGE

Le docteur Joris-Abraham-W. Snowdrop, de Pigtown (U.-S.), était arrivé à l'âge de cinquante-cinq ans, sans que personne de ses parents ou amis eût pu l'amener à prendre femme.

L'année dernière, quelques jours avant Noël, il entra dans le grand magasin du 37th Square (*Objets artistiques en Banaloïd*), pour acheter ses cadeaux de Christmas.

La personne qui servait le docteur était une grande jeune fille rousse, si infiniment charmante qu'il en ressentit le premier trouble de toute sa vie. À la caisse, il s'informa du nom de la jeune fille.

— Miss Bertha.

Il demanda à miss Bertha si elle voulait l'épouser. Miss Bertha répondit que, naturellement (*of course*), elle voulait bien.

Quinze jours après cet entretien, la séduisante miss Bertha devenait la belle mistress Snowdrop.

En dépit de ses cinquante-cinq ans, le docteur était un mari absolument présentable. De beaux cheveux d'argent encadraient sa jolie figure toujours soigneusement rasée.

Il était fou de sa jeune femme, aux petits soins pour elle et d'une tendresse touchante.

Pourtant, le soir des noces, il lui avait dit avec une tranquillité terrible.

— Bertha, si jamais vous me trompez, arrangez-vous de façon que je l'ignore.

Et il avait ajouté :

— Dans votre intérêt.

Le docteur Snowdrop, comme beaucoup de médecins américains, avait en pension chez lui un élève qui assistait à ses consultations et l'accompagnait dans ses visites, excellente éducation pratique qu'on devrait appliquer en France. On verrait peut-être baisser la mortalité qui afflige si cruellement la clientèle de nos jeunes docteurs.

L'élève de M. Snowdrop, George Arthurson, joli garçon d'une vingtaine d'années, était le fils d'un des plus vieux amis du docteur, et ce dernier l'aimait comme son propre fils.

Le jeune homme ne fut pas insensible à la beauté de miss Bertha, mais en honnête garçon qu'il était, il refoula son sentiment au fond de son cœur et se jeta dans l'étude pour occuper ses esprits.

Bertha, de son côté, avait aimé George tout de suite, mais en épouse fidèle, elle voulut attendre que George lui fît la cour le premier.

Ce manège ne pouvait durer bien longtemps, et un beau jour George et Bertha se trouvèrent dans les bras l'un de l'autre.

Honteux de sa faiblesse, George se jura de ne pas recommencer, mais Bertha s'était juré le contraire.

Le jeune homme la fuyait : elle lui écrivit des lettres d'une passion débordante :

« *Être toujours avec toi ; ne jamais nous quitter ; de nos deux êtres ne faire qu'un être !...* »

La lettre où flamboyait ce passage tomba dans les mains du docteur qui se contenta de murmurer :

— C'est très faisable.

Le soir même, on dîna à *White oak Park*, une propriété que le docteur possédait aux environs de Pigtown.

Pendant le repas, une étrange torpeur, invincible, s'empara des deux amants.

Aidé de Joë, un nègre athlétique, qu'il avait à son service depuis la guerre de sécession, Snowdrop déshabilla les coupables, les coucha sur le même lit et compléta leur anesthésie grâce à un certain carbure d'hydrogène de son invention.

Il prépara ses instruments de chirurgie aussi tranquillement que s'il se fût agi de couper un cor à un Chinois.

Puis, avec une dextérité vraiment remarquable, il enleva, en les désarticulant, le bras droit et la jambe droite de sa femme.

À George, par la même opération, il enleva le bras gauche et la jambe gauche.

Sur toute la longueur du flanc droit de Bertha, sur toute la longueur du flanc gauche de George il préleva une bande de peau large d'environ trois pouces.

Alors, rapprochant les deux corps de façon que les deux plaies vives coïncidassent, il les maintint collés l'un à l'autre, très fort, au moyen d'une longue bande de toile qui faisait cent fois le tour des jeunes gens.

Pendant toute l'opération, Bertha ni George n'avaient fait un mouvement.

Après s'être assuré qu'ils étaient dans de bonnes conditions, le docteur leur introduisit dans l'estomac, grâce à la sonde œsophagienne, du bon bouillon et du bordeaux vieux.

Sous l'action du narcotique habilement administré, ils restèrent ainsi quinze jours sans reprendre connaissance.

Le seizième jour, le docteur constata que tout allait bien.

Les plaies des épaules et des cuisses étaient cicatrisées.

Quant aux deux flancs, ils n'en formaient plus qu'un.

Alors Snowdrop eut un éclair de triomphe dans les yeux et suspendit les narcotiques.

Réveillés en même temps, George et Bertha se crurent le jouet de quelque hideux cauchemar.

Mais ce fut bien autrement terrible quand ils virent que ce n'était pas un rêve.

Le docteur ne pouvait s'empêcher de sourire à ce spectacle.

Quant à Joë, il se tenait les côtes.

Bertha surtout poussait des hurlements d'hyène folle.

— De quoi vous plaignez-vous, ma chère amie ? interrompit doucement Snowdrop. Je n'ai fait qu'accomplir votre vœu le plus cher : « ... *Être toujours avec toi, ne jamais nous quitter ; de nos deux êtres ne faire qu'un être !...* »

Et souriant finement, le docteur ajouta :

— C'est ce que les Français appellent un *collage*.

7. LES PETITS COCHONS

Une cruelle désillusion m'attendait à Andouilly.

Cette petite ville si joyeuse, si coquette, si claire, où j'avais passé les six meilleurs mois de mon existence, me fit tout de suite, dès que que j'arrivai, l'effet de la *triste bourgade* dont parle le poète Capus.

On aurait dit qu'un immense linceul d'affliction enveloppait tous les êtres et toutes les choses.

Pourtant il faisait beau et rien, ce jour-là, dans mon humeur, ne me prédisposait à voir le monde si morne.

— Bah ! me dis-je, c'est un petit nuage qui flotte au ciel de mon cerveau et qui va passer.

J'entrai au *Café du Marché*, qui était, dans le temps, mon café de prédilection. Pas un seul des anciens habitués ne s'y trouvait, bien qu'il ne fût pas loin de midi.

Le garçon n'était plus l'ancien garçon. Quant au patron, c'était un nouveau patron, et la patronne aussi, comme de juste.

J'interrogeai :

— Ce n'est donc plus M. Fourquemin qui est ici ?

— Oh ! non, monsieur, depuis trois mois. M. Fourquemin est à l'asile du Bon-Sauveur, et Mᵐᵉ Fourquemin a pris un petit magasin de mercerie à Dozulé, qui est le pays de ses parents.

— M. Fourquemin est fou ?

— Pas fou furieux, mais tellement maniaque qu'on a été obligé de l'enfermer.

— Quelle manie a-t-il ?

— Oh ! une bien drôle de manie, monsieur. Imaginez-vous qu'il ne peut pas voir un morceau de pain sans en arracher la mie pour en confectionner des petits cochons.

— Qu'est-ce que vous me racontez là ?

— La pure vérité, monsieur, et ce qu'il y a de plus curieux, c'est que cette étrange manie a sévi dans le pays comme une épidémie. Rien qu'à l'asile du Bon-Sauveur, il y a une trentaine de gens d'Andouilly qui passent leur journée à confectionner des petits cochons avec de la mie de pain, et des petits cochons si petits, monsieur, qu'il faut une loupe pour les apercevoir. Il y a un nom pour désigner cette maladie-là. On l'appelle... on l'appelle... Comment diable le médecin de Paris a-t-il dit, monsieur Romain ?

M. Romain, qui dégustait son apéritif à une table voisine de la mienne, répondit avec une obligeance mêlée de pose :

— La *delphacomanie*, monsieur ; du mot grec *delphax*, *delphacos*, qui veut dire petit cochon.

— Du reste, reprit le limonadier, si vous voulez avoir des détails, vous n'avez qu'à vous adresser à l'*Hôtel de France et de Normandie*. C'est là que le mal a commencé.

Précisément l'*Hôtel de France et de Normandie* est mon hôtel, et je me proposais d'y déjeuner.

Quand j'arrivai à table d'hôte, tout le monde était installé, et, parmi les convives, pas une tête de connaissance.

L'employé des ponts et chaussées, le postier, le commis de la régie, le représentant de la *Nationale*, tous ces braves garçons avec qui j'avais si souvent trinqué, tous disparus, dispersés, dans des cabanons peut-être, eux aussi ?

Mon cœur se serra comme dans un étau.

Le patron me reconnut et me tendit la main, tristement, sans une parole.

— Eh ben, quoi donc ? fis-je.

— Ah ! monsieur Ludovic, quel malheur pour tout le monde, à commencer par moi ?

Et comme j'insistais, il me dit tout bas :

— Je vous raconterai ça après déjeuner, car cette histoire-là pourrait influencer les nouveaux pensionnaires.

Après déjeuner, voici ce que j'appris :

La table d'hôte de l'*Hôtel de France et de Normandie* est fréquentée par des célibataires qui appartiennent, pour la plupart, à des administrations de l'État, à des Compagnies d'assurances, par des voyageurs de commerce, etc., etc. En général, ce sont des jeunes gens bien élevés, mais qui s'ennuient un peu à Andouilly, joli pays, mais monotone à la longue.

L'arrivée d'un nouveau pensionnaire, voyageur de commerce, touriste ou autre, est donc considérée comme une bonne fortune : c'est un peu d'air du dehors qui vient doucement moirer le morne et stagnant étang de l'ennui quotidien.

On cause, on s'attarde au dessert, on se montre des tours, des équilibres avec des fourchettes, des assiettes, des bouteilles. On se raconte l'histoire du Marseillais :

« Et celle-là, la connaissez-vous ? Il y avait une fois un Marseillais... »

Bref, ces quelques distractions abrègent un peu le temps, et tout étranger tant soit peu aimable se voit sympathiquement accueilli.

Or, un jour, arriva à l'hôtel un jeune homme d'une trentaine d'années dont l'industrie consiste à louer dans les villes un magasin vacant et à y débiter de l'horlogerie à des prix fabuleux de bon marché.

Pour vous donner une idée de ses prix, il donne une montre en argent pour presque rien. Les pendules ne coûtent pas beaucoup plus cher.

Ce jeune homme, de nationalité suisse, s'appelait Henri Jouard. Comme tous les Suisses, Jouard, à la patience de la marmotte, joignait l'adresse du ouistiti.

Ce jeune homme était posé comme un lapin et doux comme une épaule de mouton.

Quoi donc, mon Dieu, aurait pu faire supposer, à cette époque-là, que cet Helvète aurait déchaîné sur Andouilly le torrent impitoyable de la delphacomanie ?

Tous les soirs, après dîner, Jouard avait l'habitude, en prenant son café, de modeler des petits cochons avec de la mie de pain.

Ces petits cochons, il faut bien l'avouer, étaient des merveilles de petits cochons ; petite queue en trompette, petites pattes et joli petit groin spirituellement troussé.

Les yeux, il les figurait en appliquant à leur place une pointe d'allumette brûlée. Ça leur faisait de jolis petits yeux noirs.

Naturellement, tout le monde se mit à confectionner des cochons. On se piqua au jeu, et quelques pensionnaires arrivèrent à être d'une jolie force en cet art. L'un de ces messieurs, un nommé Vallée, commis aux contributions indirectes, réussissait particulièrement ce genre d'exercice.

Un soir qu'il ne restait presque plus de mie de pain sur la table, Vallée fit un petit cochon dont la longueur totale, du groin au bout de la queue, ne dépassait pas un centimètre.

Tout le monde admira sans réserve. Seul Jouard haussa respectueusement les épaules en disant :

— Avec la même quantité de mie de pain je me charge d'en faire deux, des cochons.

Et, pétrissant le cochon de Vallée, il en fit deux.

Vallée, un peu vexé, prit les deux cochons et en confectionna trois, tout de suite.

Pendant ce temps, les pensionnaires s'appliquaient, imperturbablement graves, à modeler des cochons minuscules.

Il se faisait tard ; on se quitta.

Le lendemain, en arrivant au déjeuner, chacun des pensionnaires, sans s'être donné le mot, tira de sa poche une petite boîte contenant des petits cochons infiniment plus minuscules que ceux de la veille.

Ils avaient tous passé leur matinée à cet exercice, dans leurs bureaux respectifs.

Jouard promit d'apporter, le soir même, un cochon qui serait le dernier mot du cochon microscopique.

Il l'apporta, mais Vallée aussi en apporta un, et celui de Vallée était encore plus petit que celui de Jouard, et mieux conformé.

Ce succès encouragea les jeunes gens, dont la seule occupation désormais fut de pétrir des petits cochons, à n'importe quelle heure de la journée, à table, au café, et surtout au bureau. Les services publics en souffrirent cruellement, et des contribuables se plaignirent au gouvernement ou firent passer des notes dans la *Lanterne* et le *Petit Parisien*.

Des changements, des disgrâces, des révocations émaillèrent l'*Officiel*.

Peine perdue ! La delphacomanie ne lâche pas si aisément sa proie.

Le pis de la situation, c'est que le mal s'était répandu en ville. De jeunes commis de boutique, des négociants, M. Fourquemin lui-même, le patron du *Café du Marché*, furent atteints par l'épidémie. Tout Andouilly pétrissait des cochons dont le poids moyen était arrivé à ne pas dépasser un milligramme.

Le commerce chôma, périclita l'industrie, stagna l'administration !

Sans l'énergie du préfet, c'en était fait d'Andouilly.

Mais le préfet, qui se trouvait alors être M. Rivaud, actuellement préfet du Rhône, prit des mesures frisant la sauvagerie.

Andouilly est sauvé, mais combien faudra-t-il de temps pour que cette petite cité, jadis si florissante, retrouve sa situation prospère et sa riante quiétude ?

8. CRUELLE ÉNIGME

Chaque soir, quand j'ai manqué le dernier train pour Maisons-Laffitte (et Dieu sait si cette aventure m'arrive plus souvent qu'à mon tour), je vais dormir en un pied-à-terre que j'ai à Paris.

C'est un logis humble, paisible, honnête, comme le logis du petit garçon auquel Napoléon III, alors simple président de la République, avait logé trois balles dans la tête pour monter sur le trône.

Seulement, il n'y a pas de rameau bénit sur un portrait, et pas de vieille grand'mère qui pleure.

Heureusement !

Mon pied-à-terre, j'aime mieux vous le dire tout de suite, est une simple chambre portant le numéro 80 et sise en l'hôtel des Trois-Hémisphères, rue des Victimes.

Très propre et parfaitement tenu, cet établissement se recommande aux personnes seules, aux familles de passage à Paris, ou à celles qui, y résidant, sont dénuées de meubles.

Sous un aspect grognon et rébarbatif, le patron, M. Stéphany, cache un cœur d'or. La patronne est la plus accorte hostelière du royaume et la plus joyeuse.

Et puis, il y a souvent, dans le bureau, une dame qui s'appelle Marie et qui est très gentille. (Elle a été un peu souffrante ces jours-ci, mais elle va tout à fait mieux maintenant, je vous remercie.)

L'hôtel des Trois-Hémisphères a cela de bon, qu'il est international, cosmopolite et même polyglotte.

C'est depuis que j'y habite que je commence à croire à la géographie, car jusqu'à présent — dois-je l'avouer ? — la géographie m'avait paru de la belle *blague*.

En cette hostellerie, les nations les plus chimériques semblent prendre à tâche de se donner rendez-vous.

Et c'est, par les corridors, une confusion de jargons dont la tour de l'ingénieur Babel, pourtant si pittoresque, ne donnait qu'une faible idée.

Le mois dernier, un clown né natif des îles Feroë rencontra, dans l'escalier, une jeune Arménienne d'une grande beauté.

Elle mettait tant de grâce à porter ses quatre sous de lait dans la boîte de fer-blanc, que l'insulaire en devint éperdument amoureux.

Pour avoir le consentement, on télégraphia au père de la jeune fille, qui voyageait en Thuringe, et à la mère, qui ne restait pas loin du royaume de Siam.

Heureusement que le fiancé n'avait jamais connu ses parents, car on se demande où l'on aurait été les chercher, ceux-là.

Le mariage s'accomplit dernièrement à la mairie du XVIIIᵉ. M. Bin, qui était à cette époque le maire et le père de son arrondissement, profita de la circonstance pour *envoyer* une petite allocution sur l'union des peuples, déclarant qu'il était résolument décidé à garder une attitude pacifique aussi bien avec les Batignolles qu'avec La Chapelle et Ménilmontant.

. . . .

J'ai dit plus haut que ma chambre porte le numéro 80. Elle est donc voisine du 81.

Depuis quelques jours, le 81 était vacant.

Un soir, en rentrant, je constatai que, de nouveau, j'avais un voisin, ou plutôt une voisine.

Ma voisine était-elle jolie ? Je l'ignorais, mais ce que je pouvais affirmer, c'est qu'elle chantait adorablement. (Les cloisons de l'hôtel sont composées, je crois, de simple pelure d'oignon.)

Elle devait être jeune, car le timbre de sa voix était d'une fraîcheur délicieuse, avec quelque chose, dans les notes graves, d'étrange et de profondément troublant.

Ce qu'elle chantait, c'était une simple et vieille mélodie américaine, comme il en est de si exquises.

Bientôt la chanson prit fin et une voix d'homme se fit entendre.

— Bravo ! miss Ellen, vous chantez à ravir, et vous m'avez causé le plus vif plaisir… Et vous, maître Sem, n'allez-vous pas nous dire une chanson de votre pays ?

Une grosse voix enrouée répondit en patois négro-américain :

— Si ça peut vous faire plaisir, monsieur George.

Et le vieux nègre (car, évidemment, c'était un vieux nègre) entonna une burlesque chanson dont il accompagnait le refrain en dansant la gigue, à la grande joie d'une petite fille qui jetait de perçants éclats de rire.

— À votre tour, Doddy, fit l'homme, dites-nous une de ces belles fables que vous dites si bien.

Et la petite Doddy récita une belle fable sur un rythme si précipité, que je ne pus en saisir que de vagues bribes.

— C'est très joli, reprit l'homme ; comme vous avez été bien gentille, je vais vous jouer un petit air de guitare, après quoi nous ferons tous un beau *dodo*.

L'homme me charma avec sa guitare.

À mon gré, il s'arrêta trop tôt, et la chambre voisine tomba dans le silence le plus absolu.

— Comment, me disais-je, stupéfait, ils vont passer la nuit tous les quatre dans cette petite chambre !

Et je cherchais à me figurer leur installation.

Miss Ellen couche avec George.

On a improvisé un lit à la petite Doddy, et Sem s'est étendu sur le parquet. (Les vieux nègres en ont vu bien d'autres !)

Ellen ! Quelle jolie voix, tout de même !

Et je m'endormis, la tête pleine d'Ellen.

Le lendemain, je fus réveillé par un bruit endiablé. C'était maître Sem qui se dégourdissait les jambes en exécutant une gigue nationale.

Ce divertissement fut suivi d'une petite chanson de Doddy, d'une adorable romance de miss Ellen, et d'un solo de piston véritablement magistral.

Tout à coup, une voix monta de la cour :

— Eh bien ! George, êtes-vous prêt ? Je vous attends.

— Voilà, voilà, je brosse mon chapeau et je suis à vous.

Effectivement, la minute d'après, George sortait.

Je l'examinai par l'entrebâillement de ma porte.

C'était un grand garçon, rasé de près, convenablement vêtu, un gentleman tout à fait.

Dans la chambre, tout s'était tu.

J'avais beau prêter l'oreille, je n'entendais rien.

Ils se sont rendormis, pensai-je.

Pourtant, ce diable de Sem semblait bien éveillé.

Quelles drôles de gens !

Il était neuf heures, à peu près. J'attendis.

Les minutes passèrent, et les quarts d'heure, et les heures. Toujours pas un mouvement.

Il allait être midi.

Ce silence devenait inquiétant.

Une idée me vint.

Je tirai un coup de revolver dans ma chambre, et j'écoutai.

Pas un cri, pas un murmure, pas une réflexion de mes voisins.

Alors j'eus sérieusement peur.

J'allai frapper à leur porte :

— *Open the door, Sem !... Miss Ellen !... Doddy ! Open the door...*

Rien ne bougeait !

Plus de doute, ils étaient tous morts.

Assassinés par George, peut-être !

Ou asphyxiés !

Je voulus regarder par le trou de la serrure.

La clef était sur la porte.

Je n'osai pas entrer.

Comme un fou, je me précipitai au bureau de l'hôtel.

— Madame Stéphany, fis-je d'une voix que j'essayais de rendre indifférente, qui demeure à côté de moi ?

— Au 81 ? C'est un Américain, M. George Huyotson.

— Et que fait-il ?

— Il est ventriloque.

9. LE MÉDECIN

Monologue pour cadet

Pour avoir du toupet, je ne connais personne comme les médecins. Un toupet infernal ! Et un mépris de la vie humaine, donc !

Vous êtes malade, votre médecin arrive. Il vous palpe, vous ausculte, vous interroge, tout cela en pensant à autre chose. Son ordonnance faite, il vous dit : « Je repasserai », et — vous pouvez être tranquille, — il repassera, jusqu'à ce que vous soyez passé, vous, et trépassé.

Quand vous êtes trépassé, immédiatement un croque-mort vient lui apporter une petite prime des pompes funèbres.

Si vous résistez longtemps à la maladie et surtout aux médicaments, le bon docteur se frotte les mains, car ses petites visites et surtout la petite remise que lui fait le pharmacien font boule de neige et finissent par constituer une somme rondelette.

Une seule chose l'embête, le bon docteur : c'est si vous guérissez tout de suite.

Alors il trouve encore moyen de faire son malin et de vous dire, avec un aplomb infernal :

— Ah ! ah ! je vous ai tiré de là !

Mais de tous les médecins celui qui a le plus de toupet, c'est le mien, ou plutôt l'ex-mien, car je l'ai balancé, et je vous prie de croire que ça n'a pas fait un pli.

À la suite d'un chaud et froid, ou d'un froid et chaud, — je ne me souviens pas bien, — j'étais devenu un peu indisposé. Comme je tiens à ma peau, — qu'est-ce que vous voulez, on n'en a qu'une ! — je téléphonai à mon médecin, qui arriva sur l'heure.

Je n'allais déjà pas très bien, mais après la première ordonnance, je me portai tout à fait mal et je dus prendre le lit.

Nouvelle visite, nouvelle ordonnance, nouvelle aggravation.

Bref, au bout de, quelques jours, j'avais maigri d'un tas de livres… et même de kilos.

Un matin que je ne me sentais pas du tout bien, mon médecin, après m'avoir ausculté plus soigneusement que de coutume, me demanda :

— Vous êtes content de votre appartement ?

— Mais oui, assez.

— Combien payez-vous ?

— Trois mille quatre.

— Les concierges sont convenables ?

— Je n'ai jamais eu à m'en plaindre.

— Et le propriétaire ?

— Le propriétaire est très gentil.

— Les cheminées ne fument pas ?

— Pas trop.

Etc., etc...

Et je me demandais : Où veut-il en venir, cet animal-là ? Que mon appartement soit humide ou non, ça peut l'intéresser au point de vue de ma maladie, mais le chiffre de mes contributions, qu'est-ce que ça peut bien lui faire ?

Et malgré mon état de faiblesse, je me hasardai à lui demander :

— Mais, docteur, pourquoi toutes ces questions ?

— Je vais vous le dire, me répondit-il, je cherche un appartement, et le vôtre ferait bien mon affaire.

— Mais... je n'ai point l'intention de déménager !

— Il faudra bien pourtant dans quelques jours.

— Déménager ?

— Dame !

Et je compris !

Mon médecin jugeait mon état désespéré, et il ne me l'envoyait pas dire.

Ce que cette brusque révélation me produisit, je ne saurais l'exprimer en aucune langue.

Un trac terrible, d'abord, une frayeur épouvantable !

Et puis, ensuite, une colère bleue !

On ne se conduit pas comme ça avec un malade, avec un client, un bon client, j'ose le dire.

Ah ! tu veux mon appartement, mon vieux ? eh bien, tu peux te fouiller !

.   .   .   .

Quand vous serez malade, je vous recommande ce procédé-là : mettez-vous en colère. Ça vous fera peut-être du mal, à vous. Moi, ça m'a guéri.

J'ai fichu mon médecin à la porte.

J'ai flanqué mes médicaments par la fenêtre.

Quand je dis que je les ai flanqués par la fenêtre, j'exagère. Je n'aime pas à faire du verre cassé exprès, ça peut blesser les passants, et je n'aime pas à blesser les passants : Je ne suis pas médecin, moi !

Je me suis contenté de renvoyer toutes mes fioles au pharmacien avec une lettre à cheval.

Et il y en avait de ces fioles, et de ces paquets et de ces boîtes !

Il y en avait tant qu'un jour je m'étais trompé : je m'étais collé du sirop sur l'estomac et j'avais avalé un emplâtre.

C'est même la seule fois où j'aie éprouvé quelque soulagement.

Et puis, j'ai renouvelé mon bail et je n'ai jamais repris de médecin.

10. BOISFLAMBARD

La dernière fois que j'avais rencontré Boisflambard, c'était un matin, de très bonne heure (je ne me souviens plus quelle mouche m'avait piqué de me lever sitôt), au coin du boulevard Saint-Michel et de la rue Racine.

Mais pauvre Boisflambard, *quantum mutatus* !

À cette époque-là, le jeune Boisflambard résumait toutes les élégances du quartier Latin.

Joli garçon, bien tourné, Maurice Boisflambard s'appliquait à être l'homme le mieux « mis » de toute la rive gauche.

Le vernis de ses bottines ne trouvait de concurrence sérieuse que dans le luisant de ses chapeaux, et si on ne se lassait pas d'admirer ses cravates, on avait, depuis longtemps renoncé à en savoir le nombre.

De même pour ses gilets.

Que faisait Boisflambard au quartier Latin ? Voilà ce que personne n'aurait pu dire exactement. Étudiant ? En quoi aurait-il été étudiant et à quel moment de la journée aurait-il étudié ? Quels cours, quelles cliniques aurait-il suivis ?

Car Boisflambard ne fréquentait, dans la journée, que les brasseries de dames ; le soir, que le bal Bullier ou un petit concert énormément tumultueux, disparu depuis, qui s'appelait le *Chalet*.

Mais que nous importait la fonction sociale de Boisflambard ? N'était-il pas le meilleur garçon du monde, charmant, obligeant, sympathique à tous ?

Pauvre Boisflambard !

J'hésitai de longues secondes à le reconnaître, tant sa piteuse tenue contrastait avec son dandysme habituel.

De gros souliers bien cirés, mais faisant valoir, par d'innombrables pièces, de sérieux droits à la retraite ; de pauvres vieux gants noirs éraillés ; une chemise de toile commune irréprochablement propre, mais gauchement taillée et mille fois reprisée ; une cravate plus que modeste et semblant provenir d'une lointaine bourgade ; le tout complété par un chapeau haut de forme rouge et une redingote verte.

Je dois à la vérité de déclarer que ce chapeau rouge et cette redingote verte avaient été noirs tous les deux dans des temps reculés.

Et à ce propos, qui dira pourquoi le Temps, ce grand teinturier, s'amuse à rougir les chapeaux, alors qu'il verdit les redingotes ? La nature est capricieuse : elle a horreur du vide, peut-être éprouve-t-elle un vif penchant pour les couleurs complémentaires !

Je serrai la main de Boisflambard ; mais, malgré toute ma bonne volonté, mon regard manifesta une stupeur qui n'échappa pas à mon ami.

Il était devenu rouge comme un coq (un coq rouge, bien entendu).

— Mon ami, balbutia-t-il, tu dois comprendre, à mon aspect, qu'un malheur irréparable a fondu sur moi. Tu ne me verras plus : je quitte prochainement Paris.

Je ne trouvai d'autre réponse qu'un serrement de main où je mis toute ma cordialité.

De plus en plus écarlate, Boisflambard disparut dans la direction de la rue Racine.

Depuis cette entrevue, je m'étais souvent demandé quel pouvait être le sort de l'infortuné Boisflambard, et mes idées, à ce sujet, prenaient deux tours différents.

D'abord une sincère et amicale compassion pour son malheur, et puis un légitime étonnement pour le brusque effet physique de cette catastrophe : sur des objets inanimés, tels que des souliers ou une chemise.

Qu'un homme soit foudroyé par une calamité, que ses cheveux blanchissent en une nuit, je l'admets volontiers ; mais que cette même calamité transforme, dans la semaine, une paire d'élégantes bottines en souliers de roulier, voilà ce qui passait mon entendement.

Pourtant, à la longue, une réflexion me vint, qui me mit quelque tranquillité dans l'esprit : peut-être Boisflambard avait-il vendu sa somptueuse garde-robe pour la remplacer par des hardes plus modestes ?

Quelques années après cette aventure, il m'arriva un malheur dans une petite ville de province.

Grimpé sur l'impériale d'une diligence, je ne voulus pas attendre, pour en descendre, qu'on appliquât l'échelle. Je sautai sur le sol et me foulai le pied.

On me porta dans une chambre de l'hôtel et, en attendant le médecin, on m'entoura le pied d'une quantité prodigieuse de compresses, à croire que tout le linge de la maison servait à mon pansement.

— Ah ! voilà le docteur ! s'écria une bonne.

Je levai les yeux, et ne pus réprimer un cri de joyeuse surprise. Celui qu'on appelait *le docteur*, c'était mon ancien camarade Boisflambard.

Un Boisflambard un peu engraissé, mais élégant tout de même et superbe comme en ses meilleurs temps du quartier Latin.

— Boisflambard !

— Toi !

— Qu'est-ce que tu fais ici ?

— Mais, tu vois… je suis médecin.

— Médecin, toi ! Depuis quand ?

— Depuis… ma foi, depuis le jour où nous nous sommes vus pour la dernière fois, car c'est ce matin-là que j'ai passé ma thèse… Je t'expliquerai ça, mais voyons d'abord ton pied.

Boisflambard médecin ! Je n'en revenais pas, et même — l'avouerai-je ? — j'éprouvais une certaine méfiance à lui confier le soin d'un de mes membres, même inférieur.

— M'expliqueras-tu enfin ? lui demandai-je, quand nous fûmes seuls.

— Mon Dieu, c'est bien simple : quand tu m'as connu au Quartier, j'étais étudiant en médecine…

— Tu ne nous l'as jamais dit.

— Vous ne me l'avez jamais demandé… Alors, j'ai passé mes examens, ma thèse, et je suis venu m'installer ici, où j'ai fait un joli mariage.

— Mais, malheureux ! à quel moment de la journée étudiais-tu l'art de guérir tes semblables ?

— Quelques jours avant mon examen, je piochais ferme avec un vieux docteur dont c'est la spécialité, et puis… et puis… j'avais découvert un truc pour être reçu.

— Un truc ?

— Un truc épatant, mon cher, simple et bien humain. Écoute plutôt…

— Lors du premier examen que je passai à l'École de médecine, j'arrivai bien vêtu, tiré à quatre épingles, reluisant ! Inutile de te prévenir que j'ignorais les premiers mots du programme. Le premier bonhomme qui m'interrogea était un professeur d'histoire naturelle. Il me pria de m'expliquer sur... et il prononça un mot qui n'avait jamais résonné dans mes oreilles. Je lui fis répéter son diable de mot, sans plus de succès pour mes souvenirs. Était-ce un animal, un végétal ou un minéral ? Ma foi, je pris une moyenne et répondis :

— C'est une plante...

— Vous m'avez mal entendu, mon ami, reprit doucement le professeur, je vous demande de parler de...

Et toujours ce diable de mot. Alors j'optai pour un animal, et, sur un signe d'impatience de l'interrogateur, je déclarai vivement que c'était un caillou. Pas de veine, en vérité : le professeur d'histoire naturelle interrogeait également sur la physique, et ce mot terrible que je ne connaissais pas, c'était les *lois de Ohm*. Dois-je ajouter que je fus impitoyablement *recalé* ?...

En même temps que moi, se présentait un pauvre diable aussi piteusement accoutré que j'étais bien vêtu. Au point de vue scientifique, il était à peu près de ma force. Eh bien ! lui, il fut reçu ! J'attribuai mon échec et son succès à nos tenues différentes. Les examinateurs avaient eu pitié du pauvre jeune homme. Ils avaient pensé, peut-être, aux parents de province, besogneux, se saignant aux quatre veines pour payer les études du garçon à Paris. Un échec, c'est du temps perdu, de gros frais qui se prolongent, de plus en plus coûteux. Évidemment, de bonnes idées pitoyables leur étaient venues, à ces examinateurs, qui sont des hommes, après tout, et voilà pourquoi le pauvre bougre était reçu, tandis que moi, le fils de famille, j'étais invité à me représenter à la prochaine session.

Cette leçon, comme tu penses bien, ne fut pas perdue. Je me composai, avec un soin, un tact, une habileté dont tu n'as pas idée, une garde-robe plus que modeste que je ne revêtais qu'aux jours d'examen : ce costume, tu l'as vu précisément le dernier jour où je l'ai porté, le jour de ma thèse. Tu me croiras si tu veux, j'ai vu un vieux dur-à-cuire de professeur essuyer une larme à la vue de mon minable complet. Il m'aurait fait blanchir une boule à son compte, plutôt que de me refuser, cet excellent homme.

— Tout cela est fort joli, objectai-je, mais ce n'est pas en enfilant une vieille redingote, tous les ans, au mois de juillet, qu'on apprend à guérir l'humanité de tous les maux qui l'accablent.

— La médecine, mon cher, n'est pas une affaire de science : c'est une affaire de veine. Ainsi, il m'est arrivé plusieurs fois de commettre des erreurs de diagnostic, mais, tu sais, des erreurs à foudroyer un troupeau de rhinocéros ; eh bien ! c'est précisément dans ces cas-là que j'ai obtenu des guérisons que mes confrères eux-mêmes n'ont pas hésité à qualifier de miraculeuses.

11.PAS DE SUITE DANS LES IDÉES

I

Il la rencontra un jour dans la rue, et la suivit jusque chez elle.

À distance et respectueusement.

Il n'était pourtant pas timide ni maladroit, mais cette jeune femme lui semblait si vertueuse, si paisiblement honnête, qu'il se serait fait un crime de troubler, même superficiellement, cette belle tranquillité !

Et c'était bien malheureux, car il ne se souvenait pas avoir jamais rencontré une plus jolie fille, lui qui en avait tant vu et qui les aimait tant.

Jeune fille ou jeune femme, on n'aurait pas su dire, mais, en tous cas, une adorable créature.

Une robe très simple, de laine, moulait la taille jeune et souple.

Une voilette embrumait la physionomie, qu'on devinait délicate et distinguée.

Entre le col de la robe et le bas de la voilette, apparaissait un morceau de cou, un tout petit morceau.

Et cet échantillon de peau blanche, fraîche, donnait au jeune homme une furieuse envie de s'informer si le reste était conforme.

Il n'osa pas.

Lentement, et non sans majesté, elle rentra chez elle.

Lui resta sur le trottoir, plus troublé qu'il ne voulait se l'avouer.

— Nom d'un chien ! disait-il, la belle fille !

Il étouffa un soupir :

— Quel dommage que ce soit une honnête femme !

Il mit beaucoup de complaisance personnelle à la revoir, le lendemain et les jours suivants.

Il la suivit longtemps avec une admiration croissante et un respect qui ne se démentit jamais.

Et chaque fois, quand elle rentrait chez elle, lui restait sur le trottoir, tout bête, et murmurait :

— Quel dommage que ce soit une honnête femme !

II

Vers la mi-avril de l'année dernière, il ne la rencontra plus.

— Tiens ! se dit-il, elle a déménagé.

— Tant mieux, ajouta-t-il, je commençais à en être sérieusement toqué.

— Tant mieux, fit-il encore, en matière de conclusion.

Et pourtant, l'image de la jolie personne ne disparut jamais complètement de son cœur.

Surtout le petit morceau de cou, près de l'oreille, qu'on apercevait entre le col de la robe et le bas de la voilette, s'obstinait à lui trottiner par le cerveau.

Vingt fois, il forma le projet de s'informer de la nouvelle adresse.

Vingt fois, une pièce de cent sous dans la main, il s'approcha de l'ancienne demeure, afin d'interroger le concierge.

Mais, au dernier moment, il reculait et s'éloignait, remettant dans sa poche l'écu séducteur.

Le hasard, ce grand concierge, se chargea de remettre en présence ces deux êtres, le jeune homme si amoureux et la jeune fille si pure.

Mais, hélas ! la jeune fille si pure n'était plus pure du tout.

Elle était devenue cocotte.

Et toujours jolie, avec ça !

Bien plus jolie qu'avant, même !

Et effrontée !

C'était à l'Éden.

Elle marcha toute la soirée, et marcha dédaigneuse du spectacle.

Lui, la suivit comme autrefois, admiratif et respectueux.

À plusieurs reprises, elle but du champagne avec des messieurs.

Lui, attendait à la table voisine.

Mais ce fut du champagne sans conséquence.

Car, un peu avant la fin de la représentation, elle sortit seule et rentra seule chez elle, à pied, lentement, comme autrefois, et non sans majesté.

Quand la porte de la maison se fut refermée, lui resta tout bête, sur le trottoir :

Il étouffa un soupir et murmura :

— Quel dommage que ce soit une grue !

12. LE COMBLE DU DARWINISME

Je n'ai pas toujours été le vieillard quinteux et cacochyme que vous connaissez aujourd'hui, jeunes gens.

Des temps furent où je scintillais de grâce et de beauté.

Les demoiselles s'écriaient toutes, en me voyant passer : « Oh ! le charmant garçon ! et comme il doit être *comme il faut !* » ce en quoi les demoiselles se trompaient étrangement, car je ne fus jamais *comme il faut*, même aux temps les plus reculés de ma prime jeunesse.

À cette époque, la muse de la Prose n'avait que légèrement effleuré, du bout de son aile vague, mon front d'ivoire.

D'ailleurs, la nature de mes occupations était peu faite pour m'impulser vers d'aériennes fantaisies.

Je me préparais, par un stage pratique dans les meilleures maisons de Paris, à l'exercice de cette profession tant décriée où s'illustrèrent, au dix-septième siècle, M. Fleurant, et, de nos jours, l'espiègle Fenayrou.

Dois-je ajouter que le seul fait de mon entrée dans une pharmacie déterminait les plus imminentes catastrophes et les plus irrémédiables ?

Mon patron devenait rapidement étonné, puis inquiet, et enfin insane, dément parfois.

Quant à la clientèle, une forte partie était fauchée par un trépas prématuré ; l'autre, manifestant de véhémentes méfiances, s'adressait ailleurs.

Bref, je traînais dans les plis de mon veston le spectre de la faillite, la faillite au sourire vert.

Je possédais un scepticisme effroyable à l'égard des matières vénéneuses ; j'éprouvais une horreur instinctive pour les centigrammes et les milligrammes, que j'estimais si misérables ! Ah ! parlez-moi des grammes.

Et il m'advint souvent d'ajouter copieusement les plus redoutables toxiques à des préparations réputées anodines jusqu'alors.

J'aimais surtout faire des veuves : une idée à moi.

Dès qu'une cliente un peu gentille se présentait à l'officine, porteuse d'une ordonnance :

— Qu'est-ce que vous avez donc de malade, chez vous, madame ?

— C'est mon mari, monsieur... Oh ! ce n'est pas grave... Un petit enrouement.

Alors je me disais : « Ah ! il est enroué, ton mari ? eh bien ! je me charge de lui rendre la pureté de son organe. » Et il était bien rare, le surlendemain, de ne pas rencontrer un enterrement dans le quartier.

C'était le bon temps !

Dans une pharmacie où je me trouvais vers cette époque ou à peu près, j'étais doué d'un patron qui aurait pu rendre des points à Mme Benotton. Toujours sorti.

J'aimais autant cela, n'ayant jamais été friand de surveillance incessante.

Chaque jour, dans l'après-midi, une espèce de vieux serin, rentier dans le quartier, ennemi du progrès, clérical enragé, venait tailler avec moi d'interminables bavettes, dont Darwin était le sujet principal.

Mon vieux serin considérait Darwin comme un grand coupable et ne parlait rien moins que de le pendre. (Darwin n'était pas encore mort, à ce moment-là.)

Moi, je lui répondais que Bossuet était un drôle et que, si je savais où se trouvait sa tombe, j'irais la souiller d'excréments.

Et des après-midi entières s'écoulaient à causer adaptation, sélection, transformisme, hérédité.

— Vous avez beau dire, criait le vieux serin, c'est la Providence qui crée tel ou tel organe pour telle ou telle fonction !

— C'est pas vrai, répliquais-je passionnément, votre Providence est une grande dinde. C'est le milieu qui transforme l'organe, et l'adapte à la fonction.

— Votre Darwin est une canaille !

— Votre Fénelon est un singe !

Pendant nos discussions pseudo-scientifiques, je vous laisse à penser comme les prescriptions étaient consciencieusement exécutées.

Je me rappelle notamment un pauvre monsieur qui arriva au moment le plus chaud, avec une ordonnance comportant deux médicaments : 1º une eau quelconque pour se frictionner le cuir chevelu ; 2º un sirop pour se purifier le sang.

Huit jours après, le pauvre monsieur revenait avec son ordonnance et ses bouteilles vides.

— Ça va beaucoup mieux, fit-il, mais, nom d'un chien ! c'est effrayant ce que ça poisse les cheveux, cette cochonnerie-là ! Et ce que ça arrange les chapeaux !

Je jetai un coup d'œil sur les bouteilles.

Horreur ! Je m'étais trompé d'étiquettes.

Le pauvre homme avait bu la lotion et s'était consciencieusement frictionné la tête avec le sirop.

— Ma foi, me dis-je, puisque ça lui a réussi, continuons.

J'appris depuis que ce pauvre monsieur, qui avait une maladie du cuir chevelu réputée incurable, s'était trouvé radicalement guéri, au bout d'un mois de ce traitement à l'envers.

(Je soumets le cas à l'Académie de médecine.)

Le vieux serin dont j'ai parlé plus haut possédait un chien mouton tout blanc dont il était très fier et qu'il appelait *Black*, sans doute parce que *Black* signifie *noir* en anglais.

Un beau jour, Black éprouva des démangeaisons, et le vieux serin me demanda ce qu'on pourrait bien faire contre cet inconvénient.

Je conseillai un bain sulfureux.

Justement, il y avait dans le quartier un vétérinaire qui, un jour par semaine, administrait un bain sulfureux collectif aux chiens de sa clientèle.

Le vieux serin conduisit Black au bain et alla faire un tour pendant l'opération.

Quand il revint, plus de Black.

Mais un chien mouton, d'un noir superbe, de la taille et de la forme de Black, s'obstinant à lui lécher les mains d'un air inquiet.

Le vieux serin s'écriait : « Veux-tu fiche le camp, sale bête ! Black, Black, psst ! »

Le pauvre mouton noir, de plus en plus désespéré, semblait dire : « Mais c'est moi, ton Black ! »

Et, en effet, c'était bien lui, le Black, mais noirci ; comment ?

Le vétérinaire n'y comprenait rien.

Ce n'était pas la faute du bain, puisque les autres chiens gardaient leur couleur naturelle. Alors quoi ?

Le vieux serin vint me consulter.

Je parus réfléchir, et, subitement, comme inspiré :

— Nierez-vous, maintenant, m'écriai-je, la théorie de Darwin ? Non seulement les animaux s'adaptent à leur fonction, mais encore au nom qu'ils portent. Vous avez baptisé votre chien *Black*, et il était inéluctable qu'il devint noir.

Le vieux serin me demanda si, par hasard, je ne me fichais pas de lui, et il partit, sans attendre la réponse.

Je peux bien vous le dire, à vous, comment la chose s'était passée.

Le matin du jour où Black devait prendre son bain, j'avais attiré le fidèle animal dans le laboratoire et, là, je l'avais amplement arrosé d'acétate de plomb.

Or, on sait que le rapprochement d'un sel de plomb avec un sulfure détermine la formation d'un sulfure de plomb, substance plus noire que les houilles à Taupin.

Je ne revis jamais le vieux serin, mais, à ma grande joie, je ne cessai d'apercevoir Black dans le quartier.

Du beau noir dû à ma chimie, sa toison passa à des gris malpropres, puis à des blancs sales, et ce ne fut que longtemps après qu'elle recouvra son albe immaculation.

13. POUR EN AVOIR LE CŒUR NET

Ils s'en allaient tous les deux, remontant l'avenue de l'Opéra.

Lui, un gommeux quelconque, aux souliers plats, relevés et pointus, aux vêtements étriqués, comme s'il avait dû sangloter pour les obtenir ; en un mot, un de nos joyeux rétrécis.

Elle, beaucoup mieux, toute petite, mignonne comme tout, avec des frisons fous plein le front, mais surtout une taille...

Invraisemblable, la taille !

Elle aurait certainement pu, la petite blonde, sans se gêner beaucoup, employer comme ceinture son porte-bonheur d'or massif.

Et ils remontaient l'avenue de l'Opéra, lui de son pas bête et plat de gommeux idiot, elle, trottinant allègrement, portant haut sa petite tête effrontée.

Derrière eux, un grand cuirassier qui n'en revenait pas.

Complètement médusé par l'exiguïté phénoménale de cette taille de Parisienne, qu'il comparait, dans son esprit, aux robustesses de sa bonne amie, il murmurait, à part lui :

— Ça doit être postiche.

Réflexion ridicule, pour quiconque a fait tant soit peu de l'anatomie.

On peut avoir, en effet, des fausses dents, des nattes artificielles, des hanches et des seins rajoutés, mais on conçoit qu'on ne peut avoir, d'aucune façon, une taille postiche.

Mais ce cuirassier, qui n'était d'ailleurs que de 2e classe, était aussi peu au courant de l'anatomie que des artifices de toilette, et il continuait à murmurer, très ahuri :

— Ça doit être postiche.

Ils étaient arrivés aux boulevards.

Le couple prit à droite, et, bien que ce ne fût pas son chemin, le cuirassier les suivit.

Décidément, non, ce n'était pas possible, cette taille n'était pas une vraie taille. Il avait beau, le grand cavalier, se remémorer les plus jolies demoiselles de son chef-lieu de canton, pas une seule ne lui rappelait, même de loin, l'étroitesse inouïe de cette jolie guêpe.

Très troublé, le cuirassier résolut d'en avoir le cœur net et murmura :

— Nous verrons bien si c'est du faux.

Alors, se portant à deux pas à droite de la jeune femme, il dégaina.

Le large bancal, horizontalement, fouetta l'air, et s'abattit tranchant net la dame, en deux morceaux qui roulèrent sur le trottoir.

Tel un ver de terre tronçonné par la bêche du jardinier cruel.

C'est le gommeux qui faisait une tête !

14. LE PALMIER

J'ai, en ce moment, pour maîtresse, la femme du boulanger qui fait le coin du faubourg Montmartre et de la rue de Maubeuge.

Un bien brave garçon, ce commerçant ! Doux et serviable comme pas un.

Quand il voyage en chemin de fer et qu'on arrive au bas d'une rampe un peu rapide, il descend de son wagon et suit le train en courant jusqu'au haut de la pente :

— Ça soulage la locomotive, dit-il avec son bon sourire.

Nous avons fait nos vingt-huit jours ensemble, et c'est de cette période d'instruction que datent nos relations.

Il n'eut rien de plus pressé, rentré dans ses foyers, que de me présenter à sa femme.

Ce qui devait arriver arriva : sa femme m'adora et je gobai sa femme.

(Contrairement à l'esthétique des gens délicats, je préfère les femmes d'amis aux autres : comme ça, on sait à qui on a affaire.)

Vous la connaissez tous, ô Parisiens de Montmartre (les autres m'indiffèrent) ! Mille fois, en regagnant la Butte, vous l'avez contemplée, trônant à son comptoir, dans l'or incomptable de ses pains, sous l'azur éternel de son plafond, où s'éperdent les hirondelles.

Sa jolie petite tête, coiffée à la vierge, fait un drôle d'effet sur sa poitrine trop forte : mais, moi, j'aime ça.

Au moral, Marie (car elle s'appelle Marie, comme vous et moi) représente un singulier mélange de candeur et de vice, d'ignorance et de machiavélisme.

Ingénue comme un ver et roublarde comme une pelote de ficelle.

Avec ça, très donnante, mais mettant dans ses présents une délicatesse bien à elle.

— Comment ! tu n'as pas de montre ? me dit-elle un jour, donne-moi trente francs, je vais t'en acheter une à un petit horloger que je connais.

Et, le lendemain, elle m'apportait un superbe chronomètre en un métal qui me parut de l'or, avec une chaîne lourde comme le câble transatlantique.

— Et tu as payé ça… ?

— Vingt-huit francs, mon chéri.

— Vingt-huit francs !?!?

— Mais oui, mon ami ; c'est un petit horloger en chambre. Tu comprends, il n'a pas tant de frais que dans les grands magasins, alors…

— C'est égal, ça n'est vraiment pas cher.

Elle tint à me remettre les deux francs qui me revenaient.

À quelques jours de là, entièrement dénué de ressources, je portai, rue de Buffault (la maison où il y a un drapeau si sale), ma montre, dans l'espoir déboucher dessus quelque chose comme cent sous.

L'homme soupesa l'objet et me demanda timidement si j'aurais assez avec trois cents francs.

Sans qu'un muscle de ma physionomie tressaillît, j'acquiesçai.

Mais, le soir, je ne pus me défendre de gronder doucement Marie de sa folie.

Un autre jour, elle arriva tout essoufflée, me sauta au cou, m'embrassa à tour de bras, en disant :

— Regarde par la fenêtre le beau petit cadeau que j'apporte à mon ami.

Dans la rue, des hommes descendaient d'un camion un palmier qui me parut démesuré.

— Hein ! fit-elle, je suis sûre qu'il y a longtemps que tu rêvais d'avoir un palmier chez toi.

Je ne m'étais pas trompé : ce palmier, y compris la caisse, ne mesurait pas moins de 4 mètres 20, alors que mon plafond n'était éloigné du plancher que de 3 mètres 15.

— Et puis, tu sais, ajouta-t-elle, je considère ce palmier comme le symbole de ton amour. Tant qu'il sera vert, tu m'aimeras. Si les feuilles jaunissent, c'est que tu me trompperas.

— Mais, pourtant…

— Il n'y pas de pourtant !

Rien n'était plus étrange que ce pauvre palmier, forcé, pour *tenir*, dans mon appartement, de garder une attitude oblique. On aurait pu croire à quelque simoun courbant éternellement ce pauvre végétal.

Un jour, rentrant à Paris, après une absence de quelques semaines, je passai à la boulangerie avant de monter chez moi. Marie était seule.

— Va chez toi tout de suite… tu verras la belle petite surprise que je t'ai faite.

Je réintégrai mon domicile, en proie à un vague trac, relativement à la belle petite surprise.

Marie avait loué l'appartement au-dessus, et fait pratiquer dans le plancher un trou circulaire par où pouvait passer à son aise la tête du fameux palmier.

Une petite balustrade fort élégante entourait l'orifice.

Tous ces travaux, bien entendu, avaient été exécutés sans que le concierge ou le propriétaire en eussent eu le moindre vent.

À quelques jours de là, rentrant chez moi tout à fait à l'improviste, je trouvai, relativement peu vêtus, Marie et une manière de grand Égyptien malpropre, que je reconnus pour un ânier de la rue du Caire[1].

Marie ne se déconcerta pas.

— Monsieur, me dit-elle, en montrant le sale Oriental, est jardinier dans son pays. Je l'ai prié de venir voir notre palmier pour qu'il nous donne quelques conseils sur la manière de l'entretenir.

J'invitai poliment le fils des Pyramides à aller soigner des monocotylédones en d'autres parages.

Un regard, muet reproche, foudroya l'inconstante.

— Tu ne me crois pas, chéri ?

— …

— C'est pourtant comme ça… Et puis, tu m'embêtes avec tes jalousies continuelles.

Et prenant ses cliques, n'oubliant pas ses claques, Marie sortit.

J'eus un gros chagrin de cette séparation.

---

[1] Cette histoire se passait au moment de l'Exposition universelle de 1889.

Pour tâcher d'oublier l'infidèle, je fis la noce. On ne vit que moi aux Folies-Bergère, aux Folies-Hippiques, et dans d'autres folies, et dans tous les endroits déments, où l'on peut rencontrer les créatures qui font métier de leur corps.

Chaque soir, je rentrais avec une nouvelle créature, et j'aimais Marie plus fort que jamais.

Pendant ce temps, le palmier devenait superbe, faisait de nouvelles pousses et verdoyait comme en plein Orient.

Un matin, je rencontrai Marie qui faisait son marché dans le faubourg Montmartre. Nous fîmes la paix !

Elle s'informa de son palmier.

— Viens plutôt le voir, dis-je.

Elle fut, en effet, émerveillée de sa bonne tenue, mais une pensée amère obscurcit son bonheur.

— Parbleu ! dit-elle de sa voix la plus triviale, ça n'est pas étonnant. Tous ces chameaux que tu as amenés ici, pendant que je n'y étais pas, ça lui a rappelé son pays, et il a été content.

Je lui fermai la bouche d'un baiser derrière l'oreille.

15. LE CRIMINEL PRÉCAUTIONNEUX

Avec un instrument (de fabrication américaine) assez semblable à celui dont on se sert pour ouvrir les boîtes de conserves, le malfaiteur fit, dans la tôle de la devanture, deux incisions, l'une verticale, l'autre horizontale et partant du même point.

D'une main vigoureuse, il amena à lui le triangle de métal ainsi déterminé, le tordant aussi facilement qu'il eût fait d'une feuille de papier d'étain.

(C'était un robuste malfaiteur.)

Il pénétra dans le petit vestibule rectangulaire qui précède la porte d'entrée.

Maintenant la glace avec une ventouse en caoutchouc (de fabrication américaine), il la coupa à l'aide d'un diamant du Cap.

Rien ne s'opposait plus à son entrée dans le magasin. Alors, tranquillement, méthodiquement, il entassa dans un sac *ad hoc* toutes les pierres précieuses et les parures qui réunissaient au mérite du petit volume l'avantage du grand prix.

Il était presque à la fin de sa besogne, quand, au fond de la boutique, le patron, M. Josse, fit son apparition, une bougie d'une main, un revolver de l'autre.

Très poli, le malfaiteur salua et avec affabilité :

— Je n'ai pas voulu, dit-il, passer si près de chez vous sans vous dire un petit bonjour.

Et tandis que, sans méfiance, l'orfèvre lui serrait la main, le malfaiteur lui enfonça dans le sein un fer homicide (de fabrication américaine).

Le sac *ad hoc* fut rapidement empli.

Le malfaiteur allait rentrer dans la rue, quand une pensée lui vint.

Alors, s'asseyant à la caisse, il traça sur une grande feuille de papier quelques mots en gros caractères.

À l'aide de pains à cacheter, il colla cet écriteau sur la devanture du magasin, et les passants matineux purent lire à l'aube :

> *Fermé pour cause de décès.*

16. L'EMBRASSEUR

La principale occupation entre les repas consistait, pour mon ami Vincent Desflemmes, en longues flâneries par les rues, par les boulevards, par les quais et plus généralement par toutes les artères de la capitale.

Les bras ballants, à moins qu'il n'eût les mains dans ses poches, Desflemmes s'en allait, toujours seul, sans canne, sans chien, sans femme.

Attentif aux mille petits épisodes de la rue, Vincent se réjouissait de tout : propos discourtois entre cochers mal élevés, esclaves ivres suivis par une nuée de petits polissons hurleurs, pick-pockets interrompus, noces bourgeoises avec la jeune épousée rougissante, le mari bien frisé, le papa sanguin, la grosse maman en soie noire, la demoiselle d'honneur héliotrope, le garçon d'honneur mal à l'aise en son inhabituelle redingote, le militaire (jamais de noce à Paris sans un militaire, parfois caporal).

Les chapeaux hauts de forme des noces bourgeoises ne recelaient plus aucun mystère pour Vincent. Petits chapeaux à grands bords, grands chapeaux à petits bords, troncs de cône, cylindres, hyperboloïdes, il les connaissait tous et se trouvait ainsi le seul homme de France qui pût écrire un essai sérieux sur le *Haut de forme à travers les âges*.

Desflemmes adorait les noces ; il les suivait jusqu'à l'église, entrait dans le saint lieu, pénétrait même jusque dans la sacristie et assistait, à la faveur du brouhaha, aux petites scènes touchanto-comiques qui sont l'apanage des cérémonies nuptiales.

À force d'assister à cette orgie de noces, Vincent avait fini par remarquer un monsieur aussi amateur que lui de fêtes hyménéennes : un monsieur pas beau, ma foi, avec de vilains yeux, une sale bouche, et un nez surabondamment eczémateux.

Ce monsieur devait posséder des relations sans nombre, car Desflemmes le rencontrait à chaque instant, distribuant des poignées de main et n'oubliant jamais d'embrasser la mariée.

— Qui diable est-ce, ce bonhomme-là ? monologuait Vincent. Dans tous les cas, il a une sale gueule !

(Mon ami Desflemmes ne prend pas de gants pour se parler à lui-même.)

Un beau jour, le hasard le renseigna sur le monsieur à relations. Le suisse de Saint-Germain-des-Prés causait avec le bedeau.

— Tu as vu ? disait le suisse ; il est là...

— Qui ça ? demanda le bedeau.

— L'*embrasseur*.

— Ah !

— Oui... Tiens, tu peux le voir d'ici, dans le chœur, à droite.

Vincent regarda dans la direction indiquée : l'*embrasseur*, c'était son bonhomme.

Avec beaucoup d'obligeance, et sur le glissement discret d'une pièce de quarante sous, le suisse paracheva ses renseignements.

L'*embrasseur* était un maniaque, relativement inoffensif, dont le faible consistait à embrasser le plus possible de jeunes mariées en blanc. Muni d'un aplomb imperturbable, l'*embrasseur* s'introduisait dans la sacristie. Les parents du marié se disaient : « Ce doit être un ami de la famille de la petite. » La famille de la petite se tenait un raisonnement parallèle. L'*embrasseur* serrait la main du jeune homme, embrassait la petite, et le tour était joué.

Desflemmes se divertit fort de cette étrange manie, mais se jura bien, au cas où il se marierait, de ne pas laisser effleurer les joues virginales de l'adorée par un aussi déplaisant museau.

À quelques jours de là, Vincent tomba éperdument amoureux d'une jeune fille de Fontenay-aux-Roses. Bien que la dot fût dérisoire, il n'hésita pas à obtenir la main de la personne. D'ailleurs, il y avait des espérances, un oncle fort riche, entre autres, ancien avocat, nommé N. Hervé (de Jumièges).

— Tous mes compliments ! fis-je à Desflemmes, qui m'annonçait la grave nouvelle. Et la petite... gentille ?

— Tu ne peux pas t'en faire une idée, mon vieux ! Ah ! oui, qu'elle est gentille ! Et drôle donc ! Imagine-toi un front et des yeux à la façon des vierges de Boticelli, un petit nez spirituel, bon garçon, rigolo. Madone et ouistiti mêlés ! Et avec ça, sur la joue, là, près du menton, un grain de beauté d'où émergent quelques poils fins, longs, frisés et qui lui donne une apparence de Simily-Meyer tout à fait amusante. Bref, à sa vue, mon cœur, vieille poudrière éventée, a sauté comme une jeune cartouche de dynamite.

Le grand jour arriva.

L'oncle à héritage, monsieur N. Hervé (de Jumièges) s'excusa par télégramme de ne pouvoir assister au mariage civil. Inutile de l'attendre, il se rendrait directement à l'église.

La bénédiction nuptiale tirait à sa fin. Le digne prêtre prononçait les paroles qui lient les époux devant Dieu, comme le maire (ou son adjoint) a prononcé les paroles qui les lient devant la loi.

À ce moment, mû par un mouvement machinal, Desflemmes se retourna.

Son visage passa rapidement, d'abord au rouge-brique de la colère, puis au blanc blafard de la suffocation, et enfin au vert-pomme-pas-mûre des résolutions viriles.

Derrière lui, au dernier rang des assistants, Desflemmes venait de reconnaître, qui ?

Ne faites pas les étonnés, vous l'avez deviné : l'*embrasseur* !

On allait passer à la sacristie.

Après avoir prié sa jeune femme de l'excuser un instant, Vincent piqua droit sur le maniaque.

— Vous, fit-il, sans affabilité apparente, si vous ne voulez pas sortir de l'église à coups de pied dans le cul, vous n'avez qu'une ressource : c'est de vous en aller à reculons, et plus vite que ça.

— Mais, monsieur...

— À moins que je vous prenne par la peau du cou...

— Mais, monsieur...

— Vieux cochon !

— Mais, monsieur...

— Comment, espèce de saligaud, Paris ne vous suffit donc plus ?

Comme bien vous pensez, cet intermède n'avait pas passé inaperçu des gens de la noce.

— Qu'est-ce qu'il y a donc ? soupira très inquiète la petite Simily-Meyer.

— Je ne sais pas, répondit la maman, mais ton mari a l'air de se disputer fort avec ton oncle Hervé.

Cependant la discussion continuait sur le ton du début.

Tout à coup Vincent empoigna par le bras l'oncle Hervé, car c'était bien lui, et l'entraîna vers la sortie à grand renfort de coups de pied dans le derrière.

— Vincent est devenu fou ! s'écria la mariée en s'effondrant dans son fauteuil.

Et toute la noce de répéter : « Vincent est devenu fou ! »

Vincent n'était pas devenu fou, mais en apprenant le nom de l'embrasseur, il était devenu très embêté.

Avec une philosophie charmante, il prit son chapeau, son pardessus et le premier train de Paris.

Peu de jours après cette regrettable scène, il reçut des nouvelles de Fontenay sous la forme d'une demande de divorce.

Vincent Desflemmes ne constitua même pas d'avoué. L'avocat de la partie adverse eut beau jeu à démontrer sa folie subite, sa démence incoercible, son insanité dégoûtante, son aliénation redoutable. Le divorce fut prononcé.

Vincent en a été quitte pour reprendre ses occupations qui consistent à s'en aller flâner, entre les repas, tout seul, sans canne, sans chien, sans femme.

Il a toujours conservé un vif penchant pour les noces des autres, mais il n'y rencontre plus l'*embrasseur*.

17. LE PENDU BIENVEILLANT

Aussi loin derrière lui qu'il reportât ses souvenirs, il ne se rappelait pas une seule minute de veine dans sa pauvre vie. La guigne, toujours la guigne ! Et pourtant, chose étrange, jamais de cette série obstinément noire n'était résultée pour lui l'ombre d'une jalousie ou d'une rancune.

Il aimait son prochain, et de tout son cœur le plaignait de la triste existence à laquelle il était voué.

Un beau jour, ou plutôt un fort vilain jour, il en eut assez de cette vie, par trop bête vraiment.

Tranquillement, sans phrases, sans correspondance posthume, sans attitude de mélodrame, il résolut de mourir. Non pas pour se tuer, mais très simplement pour cesser de vivre, parce que vivre sans jouir, lui semblait d'une inutilité flagrante.

Les différents genres de mort défilèrent dans son imagination, lugubres et indifférents.

Noyade, coup de pistolet, pendaison...

Il s'arrêta à ce dernier mode de suicide.

Puis, au moment de mourir, il lui vint une immense pitié pour ceux qui allaient continuer à vivre.

Une immense pitié et un vif désir de les soulager.

Alors, il s'enfonça dans la campagne, arriva dans des champs de colza, bordés de hauts peupliers.

Du plus haut de ces peupliers, il choisit la plus haute branche.

Avec l'agilité du chat sauvage — l'infortune n'avait pas abattu sa vigueur — il y grimpa, attacha une longue corde, combien longue ! et s'y pendit.

Ses pieds touchaient presque le sol.

Et le lendemain, quand, devant le maire du village, on le décrocha, une quantité incroyable de gens purent, selon son désir suprême, se partager l'interminable corde, et ce fut pour eux tous la source infinie de bonheurs durables.

18. ESTHETIC

Il y a peu d'années, l'édilité de Pigtown (Ohio, U.S.A.) eut l'idée d'organiser une exposition de peinture, sculpture, gravure et, généralement, tout ce qui s'ensuit.

On lança, par la libre Amérique, des invitations aux artistes des deux sexes, et l'on construisit, en moins de temps qu'il ne faut pour l'écrire, un vaste hall, auprès duquel la galerie des Machines semblerait une humble mansarde.

Le nombre des adhésions dépassa les plus flatteuses espérances. Tout ce qui portait un nom dans l'art américain tint à se voir représenté à l'Exposition de Pigtown.

Quelques peintres et sculpteurs de l'ancien continent annoncèrent leurs envois par câble ; mais l'édilité de Pigtown, ayant décidé que l'Exposition serait exclusivement nationale (*exclusively national*), on ne répondit même pas à ces faquins d'Europe.

La *Pigtown National Picture and Sculpture Exhibition* obtint tout de suite un prodigieux succès.

Le vaste hall ne désemplissait pas et bientôt les organisateurs ne surent plus où fourrer les dollars de leurs recettes.

D'ailleurs la chose en valait la peine ; la sculpture, surtout, intéressait les visiteurs au plus haut point.

Il y a longtemps qu'en matière de statues, les Américains ont déserté les errements surannés de la vieille Europe. Plus de ces groupes inanimés ! Assez de ces marbres froids et insensibles ! Foin de ces lions de bronze dévorant des autruches de même métal, sans que les autruches y perdent une seule de leurs plumes !

Les statuaires américains ont compris que, dans l'Art, la Vie seule intéresse, et qu'il n'y a pas de Vie sans Mouvement.

Aussi, à l'exposition de Pigtown, les statues, les groupes, même les bustes, tout était-il articulé. Les narines battaient, les seins haletaient, les bouches s'ouvraient, et, quand un groupe représentait un *Boa dévorant un Bœuf*, on n'avait qu'à demeurer cinq minutes devant cette œuvre capitale, le bœuf se trouvait effectivement dévoré par le boa.

Le bœuf était en gutta-percha et le boa en celluloïd, dites-vous ; ô poncifs vieux jeu ! Qu'importe la substance, l'idée est tout !

Dans cet amoncellement d'art animé, deux œuvres surtout se disputaient l'engouement public.

La première, due au génie si inventif du grand animalier K.-W. Merrycalf, représentait un *Cochon taquiné par des mouches*. Et l'on se demandait ce qu'il fallait admirer le plus, dans ce gracieux ensemble : Le cochon ? Les mouches ?

Le cochon, un cochon en bronze, trente-six fois grandeur nature, se vautrait sur un fumier également trente-six fois nature. Une nuée de mouches, dans la même proportion, s'ébattaient, petites folles, autour du monstrueux groin.

Le cochon, comme tout bon cochon qui se respecte, était immobile, mais les mouches, mues par un petit appareil des plus ingénieux (*patent*), voletaient réellement, tourbillonnaient et ne touchaient la hure du porc que pour se charger d'électricité et repartir de plus belle.

C'était charmant.

Cette jolie pièce eût été certainement le clou de la *National Exhibition*, sans l'envoi d'un jeune sculpteur ignoré jusqu'à ce jour, et portant le nom de Julius Blagsmith.

Le groupe de Julius Blagsmith portait cette indication au livret : *The death of the brave general George-Ern. Baker*. L'intrépide officier était représenté au moment où, frappé d'une balle en plein cœur, il s'affaissa sur une mitrailleuse voisine.

À l'intérêt historique de cet épisode émouvant venait s'adjoindre l'attrait d'une ingénieuse application du phonographe.

Dans l'intérieur de George-Ern. Baker était adroitement placé un appareil, et toutes les cinq minutes, le vaillant général, portant sa main au cœur, s'écriait (en américain, bien entendu) : « Je meurs pour le principe ! »

La mitrailleuse, surtout, recueillit les suffrages universels des artilleurs et armuriers américains. Pas une vis, pas un boulon, pas un rivet dont on pût constater l'absence ou le mal-placement. Une merveille !

C'était bien le cas de dire : Il ne lui manque que la parole.

Dès les premiers jours de l'Exposition, ce ne fut qu'un cri par les clans artistiques. Le diplôme d'honneur de la sculpture est pour le *Cochon* de Merrycalf, à moins qu'il ne soit pour le *Baker* de Blagsmith.

De leur côté, les deux artistes s'étaient pris, l'un pour l'autre, d'une vive hostilité. Ils se saluaient, se serraient la main, s'informaient de leur santé réciproque, mais on sentait que ces rapports courtois cachaient une glacialité polaire.

Le matin du jour où le jury devait proclamer les récompenses, Blagsmith invita poliment son confrère Merrycalf à lui consacrer quelques instants d'entretien. Il l'amena devant son groupe.

— Franchement, demanda-t-il, comment trouvez-vous cela ?

— À la vérité, répondit Merrycalf, je trouve cela parfait. La mitrailleuse est d'une exactitude !...

— Cette mitrailleuse n'a aucun mérite à être exacte, attendu que c'est une vraie mitrailleuse. Voyez plutôt.

Et Blagsmith, grattant légèrement de la pointe de son canif un fragment de plâtre, fit apparaître l'acier luisant, et, vous savez, pas de l'acier pour rire.

— Oui, poursuivit-il, cette mitrailleuse est une réelle mitrailleuse en parfait état, avec cette circonstance aggravante qu'elle est chargée et prête à faire feu.

— Diable !... et dans quel but ?

— Dans le but très simple de vous mitrailler tous si je n'obtiens pas le grand diplôme d'honneur.

— Vous n'y allez pas par quatre chemins, vous !

— Jamais ! Un seul, c'est plus court.

— Laissez-moi au moins le temps de prévenir le jury.

— Comme il vous plaira.

Et, se débarrassant de sa jaquette, Blagsmith arbora la tenue si commode dite *en bras de chemise*.

Sur une splendide estrade drapée de peluche et ornée de plantes tropicales, le jury se réunissait.

Après un grand morceau exécuté par l'*Harmonie des Abattoirs* de Pigtown, le président du jury se leva et proclama le nom des heureux lauréats.

On commença par la peinture. À part quelques coups de revolvers échangés entre une *mention honorable* et une *médaille d'argent*, la proclamation des lauréats peintres se passa assez tranquillement. Puis le président annonça : « Sculpture, grand diplôme d'honneur décerné à Mathias Moonman, auteur de... »

Auteur de quoi ? Je ne saurais vous dire, car, à ce moment précis, il se produisit un vif désordre parmi les gentlemen qui garnissaient l'estrade et ceux qui l'entouraient.

Cent milliards de démons se seraient acharnés à déchirer cent milliards d'aunes de toile forte, que le tapage n'eût pas été plus infernal, cependant que des projectiles meurtriers semaient la mort et l'effroi parmi le jury et le public.

L'estrade ne fut bientôt qu'un amas confus de draperies rouges, d'arbustes verts et de jurés de toutes couleurs.

Là-bas, dans le fond, Blagsmith tournait sa manivelle avec autant de quiétude que s'il eût joué le *Yankee Doodle* sur un orgue de Barbarie.

Quand les gargousses étaient brûlées, il en tirait d'autres du socle de son groupe et continuait tranquillement l'œuvre de destruction.

Comme tout prend une fin, même les meilleures plaisanteries, les provisions s'épuisèrent. Dois-je ajouter que le public n'avait pas attendu plus longtemps pour déserter le vaste hall ? Sortis de la poussière, les marbres et les plâtres retournaient en poussière. Seuls les bronzes s'en tiraient avec quelques renfoncements négligeables.

C'était fini.

Blagsmith endossait sa jaquette, radieux comme un monsieur qui n'a pas perdu sa journée, quand, à sa grande stupeur, il vit s'avancer vers lui, qui ? son concurrent Merrycalf.

Merrycalf souriant, affable, lui tendit la main.

— Hurrah ! my dear. Vous êtes un homme de parole... et d'action.

— Vous n'aviez donc pas averti le jury ?

— Jamais de la vie, par exemple. Bien plus drôle comme ça.

— Et vous, où étiez-vous, pendant mes salves ?

— Dans mon cochon, parbleu ! Vous pensez bien que je n'ai pas fait un cochon trente-six fois nature en bronze massif. J'y ai fait ménager une logette très confortable, et je vous prie de croire que je ne m'y embêtais pas, tout à l'heure, pendant votre petite séance d'artillerie.

— Ce qui prouve que, comme disent les Français, dans le cochon tout est bon, même l'intérieur.

— Surtout quand il est creux.

Enchantés de cette excellente plaisanterie, Blagsmith et Merrycalf allèrent déjeuner avec un appétit qui frisait la voracité.

19. UN DRAME BIEN PARISIEN

CHAPITRE PREMIER

Où l'on fait connaissance avec un Monsieur et une Dame qui auraient pu être si heureux, sans leurs éternels malentendus.

> O qu'il ha bien sceu choisir, le challant !
> Rabelais.

À l'époque où commence cette histoire, Raoul et Marguerite (un joli nom pour les amours) étaient mariés depuis cinq mois environ.

Mariage d'inclination, bien entendu.

Raoul, un beau soir, en entendant Marguerite chanter la jolie romance du colonel Henry d'Erville :

L'averse, chère à la grenouille,

Parfume le bois rajeuni.

... Le bois, il est comme Nini.

Y sent bon quand y s'débarbouille.

Raoul, dis-je, s'était juré que la divine Marguerite (*diva Margarita*) n'appartiendrait jamais à un autre homme qu'à lui-même.

Le ménage eût été le plus heureux de tous les ménages, sans le fichu caractère des deux conjoints.

Pour un oui, pour un non, crac ! une assiette cassée, une gifle, un coup de pied dans le cul.

À ces bruits, Amour fuyait éploré, attendant, au coin du grand parc, l'heure toujours proche de la réconciliation.

Alors des baisers sans nombre, des caresses sans fin, tendres et bien informées, des ardeurs d'enfer.

C'était à croire que ces deux cochons-là se disputaient pour s'offrir l'occasion de se raccommoder.

CHAPITRE II

Simple épisode qui, sans se rattacher directement à l'action, donnera à la clientèle une idée sur la façon de vivre de nos héros.

> Amour en latin faict amor
> Or donc provient d'amour la mort
> Et, par avant, soulcy qui mord,
> Deuil, plours, pièges, forfaitz, remord...
> (*Blason d'amour.*)

Un jour, pourtant, ce fut plus grave que d'habitude.

Un soir, plutôt.

Ils étaient allés au Théâtre d'Application, où l'on jouait, entre autres pièces, l'*Infidèle*, de M. de Porto-Riche.

— Quand tu auras assez vu Grosclaude, grincha Raoul, tu me le diras.

— Et toi, vitupéra Marguerite, quand tu connaîtras Mlle Moreno par cœur, tu me passeras la lorgnette.

Inaugurée sur ce ton, la conversation ne pouvait se terminer que par les plus regrettables violences réciproques.

Dans le coupé qui les ramenait, Marguerite prit plaisir à gratter sur l'amour-propre de Raoul, comme sur une vieille mandoline hors d'usage.

Aussi, pas plutôt rentrés chez eux, les belligérants prirent leurs positions respectives.

La main levée, l'œil dur, la moustache telle celle des chats furibonds, Raoul marcha sur Marguerite, qui commença, dès lors, à n'en pas mener large.

La pauvrette s'enfuit, furtive et rapide, comme fait la biche en les grands bois.

Raoul allait la rattraper.

Alors, l'éclair génial de la suprême angoisse fulgura le petit cerveau de Marguerite.

Se retournant brusquement, elle se jeta dans les bras de Raoul en s'écriant :

— Je t'en prie, mon petit Raoul, défends-moi !

CHAPITRE III

Où nos amis se réconcilient comme je vous souhaite de vous réconcilier souvent, vous qui faites vos malins.

> « Hold your tongue, please. »
> DARWIN.

.   .   .   .

.   .   .   .

CHAPITRE IV

Comment l'on pourra constater que les gens qui se mêlent de ce qui ne les regarde pas feraient beaucoup mieux de rester tranquilles.

> « C'est épatant ce que le monde deviennent rosse depuis quelque temps ! »
> (*Paroles de ma concierge dans la matinée de lundi dernier.*)

Un matin, Raoul reçut le mot suivant :

« Si vous voulez, une fois par hasard, voir votre femme en belle humeur, allez donc, jeudi, au bal des Incohérents, au Moulin-Rouge. Elle y sera, masquée et déguisée en pirogue congolaise. À bon entendeur, salut !

« UN AMI. »

Le même matin, Marguerite reçut le mot suivant :

« Si vous voulez, une fois par hasard, voir votre mari en belle humeur, allez donc, jeudi, au bal des Incohérents, au Moulin-Rouge. Il y sera, masqué et déguisé en templier fin de siècle. À bon entendeuse, salut !

« UNE AMIE. »

Ces billets ne tombèrent pas dans l'oreille de deux sourds.

Dissimulant admirablement leurs desseins, quand arriva le fatal jour :

— Ma chère amie, fit Raoul de son air le plus innocent, je vais être forcé de vous quitter jusqu'à demain. Des intérêts de la plus haute importance m'appellent à Dunkerque.

— Ça tombe bien, répondit Marguerite, délicieusement candide, je viens de recevoir un télégramme de ma tante Aspasie, laquelle, fort souffrante, me mande à son chevet.

CHAPITRE V

Où l'on voit la folle jeunesse d'aujourd'hui tournoyer dans les plus chimériques et passagers plaisirs, au lieu de songer à l'éternité.

> Mal vouéli vièure pamena :
> La vido es tant bello !
> AUGUSTE MARIN.

Les échos du *Diable Boiteux* ont été unanimes à proclamer que le bal des Incohérents revêtit cette année un éclat inaccoutumé.

Beaucoup d'épaules et pas mal de jambes, sans compter les accessoires.

Deux assistants semblaient ne pas prendre part à la folie générale : un Templier fin de siècle et une Pirogue congolaise, tous deux hermétiquement masqués.

Sur le coup de trois heures du matin, le Templier s'approcha de la Pirogue et l'invita à venir souper avec lui.

Pour toute réponse, la Pirogue appuya sa petite main sur le robuste bras du Templier et le couple s'éloigna.

CHAPITRE VI

Où la situation s'embrouille.

> — I say, don't you think the rajah laughs at us ?
> — Perhaps, sir.
> HENRY O'MERCIER.

— Laissez-nous un instant, fit le Templier au garçon du restaurant, nous allons faire notre menu et nous vous sonnerons.

Le garçon se retira et le Templier verrouilla soigneusement la porte du cabinet.

Puis, d'un mouvement brusque, après s'être débarrassé de son casque, il arracha le loup de la Pirogue.

Tous les deux poussèrent, en même temps, un cri de stupeur, en ne se reconnaissant ni l'un ni l'autre.

Lui, ce n'était pas Raoul.

Elle, ce n'était pas Marguerite.

Ils se présentèrent mutuellement leurs excuses, et ne tardèrent pas à lier connaissance à la faveur d'un petit souper, je ne vous dis que ça.

CHAPITRE VII

Dénouement heureux pour tout le monde, sauf pour les autres.

> Buvons le vermouth grenadine,
> Espoir de nos vieux bataillons.
> GEORGE AURIOL.

Cette petite mésaventure servit de leçon à Raoul et à Marguerite.

À partir de ce moment, ils ne se disputèrent plus jamais et furent parfaitement heureux.

Ils n'ont pas encore beaucoup d'enfants, mais ça viendra.

20. MAM'ZELLE MISS

L'aînée des trois, Miss Grâce, était une grosse fille commune comme le sont les Anglaises quand elles se mettent à être communes.

La petite Lily, plus jeune, faisait un effet comique avec ses cheveux flamboyants, mais flamboyants comme le sont les cheveux des Anglaises quand ils se mettent à être flamboyants.

Celle que j'aimais par-dessus tout le reste, c'était la moyenne, Miss Emily, que j'appelais, pour m'amuser, Mam'zelle Miss.

À cette époque-là, Miss Emily pouvait avoir dans les quinze ans, mais elle avait quinze ans comme ont les Anglaises quand elles se mettent à avoir quinze ans.

Elle allait à la même pension que mes cousines, et il arrivait souvent que, le soir, j'accompagnais les fillettes.

Au moment de se séparer, elles s'embrassaient. Moi, de l'air le plus innocent, je faisais semblant d'être de la tournée, et j'embrassais tout ce joli petit monde-là.

Mam'zelle Miss se laissait gentiment faire, bien que je fusse déjà un grand garçon. Et je me souviens que la place de mes baisers apparaissait toute rouge sur ses joues, tant sa peau rose était délicate et fine.

Des fois je la pressais un peu trop, alors elle me faisait de gentils reproches, des reproches où son « britishisme » natif mettait comme un gazouillis d'oiseau.

Pour peu qu'elle rît, sa lèvre supérieure se retroussait et laissait apercevoir la nacre humide de ses affriolantes quenottes.

C'étaient surtout ses cheveux que j'aimais, des cheveux fins comme un cheveu et d'un or si pâle qu'on croyait rêver.

Leur père, un fort joli homme, joli comme le sont les Anglais quand ils se mettent à être jolis, adorait ces trois petites et remplaçait, à force de tendresses, la mère morte depuis longtemps.

Quand je partis pour Paris, j'eus, à travers la peine de quitter mon pays et mes parents, un grand serrement de cœur en pensant que je n'allais plus voir Mam'zelle Miss, et je ne l'oubliai jamais.

À mes premières vacances, je n'eus rien de plus pressé que de m'informer de ma petite amie.

Hélas ! que de changements dans la famille !

Le père mort noyé dans une partie en mer. (On ne put jamais retrouver la moindre trace de sa fortune et ce resta toujours un mystère de savoir comment il avait vécu, jusqu'à présent, dans une aisance relativement considérable.)

Miss Grace partie aux Indes, comme gouvernante dans la famille d'un major écossais ; Lily adoptée par un pasteur, qui rougissait d'avoir seulement quatorze filles sur dix-sept enfants.

Quant à Mam'zelle Miss, je ne voulus pas croire à sa nouvelle situation.

Et pourtant c'était vrai.

Mam'zelle Miss, caissière chez un boucher !

Vingt fois dans la journée, je repassai devant la boutique. C'était justement jour de marché.

Le magasin s'encombrait sans relâche de paysans, de cuisinières et de dames de la ville.

Les garçons, affairés, coupaient, taillaient dans les gros tas de viande, tapaient fort, livraient la marchandise avec des commentaires où ne reluisait pas toujours le bon goût. Et c'étaient des discussions sans fin à propos du choix des morceaux, du poids et des os.

Dans tout ce brouhaha, Mam'zelle Miss, tranquille, exécutait de petites factures vertigineusement rapides et sans nombre. Sévèrement vêtue de noir, un col droit, des manchettes blanches étroites, elle avait, malgré sa figure restée enfantine, un air, amusant comme tout, de petite femme raisonnable.

De temps en temps elle s'interrompait de son travail pour lisser, d'un geste furtif, des frisons qui s'envolaient sur son front.

À la fin, elle leva la tête et jeta dans la rue un regard distrait.

Elle m'aperçut planté là et me fixa pendant quelques secondes avec cette insolence candide, mais gênante, des jeunes filles myopes.

À son pâle sourire, je compris que j'étais reconnu et je fus tout à fait heureux.

Vers la fin des vacances, un jour, je ne l'aperçus plus dans la boutique.

Ni le lendemain.

Je m'informai d'elle, le soir, à un jeune garçon boucher, qui me dit :

— Depuis longtemps le patron se doutait de quelque chose. Avant-hier, la nuit, en revenant du marché de Beaumont, il est monté dans sa chambre, et il l'a trouvée couchée avec le premier garçon, tous les deux saouls comme des grives. Alors, il les a fichus à la porte.

21. LE BON PEINTRE

Il était à ce point préoccupé de l'harmonie des tons, que certaines couleurs mal arrangées dans des toilettes de provinciales ou sur des toiles de membres de l'Institut le faisaient grincer douloureusement, comme un musicien en proie à de faux accords.

À ce point que, pour rien au monde, il ne buvait de vin rouge en mangeant des œufs sur le plat, parce que ça lui aurait fait un sale ton dans l'estomac.

Une fois que, marchant vite, il avait poussé un jeune gommeux à pardessus mastic sur une devanture verte fraîchement peinte *(Prenez garde à la peinture, S. V. P.)* et que le jeune gommeux lui avait dit : « Vous pourriez faire attention… » il avait répondu en clignant, à la façon des peintres qui font de l'œil à leur peinture :

— De quoi vous plaignez-vous ?… C'est bien plus japonais comme ça.

L'autre jour, il a reçu de Java la carte d'un vieux camarade en train de chasser la panthère noire pour la Grande Maison de Fauves de Trieste.

Un attendrissement lui vint que quelqu'un pensât à lui, si loin et de si longtemps, et il écrivit à son vieux camarade une bonne et longue lettre, une bonne lettre très lourde dans une grande enveloppe.

Comme Java est loin et que la lettre était lourde, l'affranchissement lui coûta les yeux de la tête.

L'employé des *Postes et Télégraphes* lui avança, hargneux, cinq ou six timbres dont la couleur variait avec le prix.

Alors, tranquillement, en prenant son temps, il colla les timbres sur la grande enveloppe, verticalement, en prenant grand soin que les tons s'arrangeassent — *pour que ça ne gueule pas trop.*

Presque content, il allait enfoncer sa lettre dans la fente béante de l'*Étranger*, quand un dernier regard cligné le fit rentrer précipitamment.

— Encore un timbre de trois sous ? — Voilà, monsieur.

Et il le colla sur l'enveloppe au bas des autres.

— Mais, monsieur, fit sympathiquement remarquer l'employé, votre correspondance était suffisamment affranchie.

— Ça ne fait rien, dit-il.

Puis, très complaisamment :

— *C'est pour faire un rappel de bleu.*

22. LES ZÈBRES

— Ça te ferait-il bien plaisir d'assister à un spectacle vraiment curieux et que tu ne peux pas te vanter d'avoir contemplé souvent, toi qui es du pays ?

Cette proposition m'était faite par mon ami Sapeck, sur la jetée de Honfleur, une après-midi d'été, d'il y a quatre ou cinq ans.

Bien entendu, j'acceptai tout de suite.

— Où a lieu cette représentation extraordinaire, demandai-je, et quand ?

— Vers quatre ou cinq heures, à Villerville, sur la route.

— Diable ! nous n'avons que le temps !

— Nous l'avons… ma voiture nous attend devant le Cheval-Blanc.

Et nous voilà partis au galop de deux petits chevaux attelés en tandem.

Une heure après, tout Villerville, artistes, touristes, bourgeois, indigènes, averti qu'il allait se passer des choses peu coutumières, s'échelonnait sur la route qui mène de Honfleur à Trouville.

Les attentions se surexcitaient au plus haut point. Sapeck, vivement sollicité, se renfermait dans un mystérieux mutisme.

— Tenez, s'écria-t-il tout à coup, en voilà un !

Un quoi ? Tous les regards se dirigèrent, anxieux, vers le nuage de poussière que désignait le doigt fatidique de Sapeck, et l'on vit apparaître un tilbury monté par un monsieur et une dame, lequel tilbury traîné par un zèbre.

Un beau zèbre bien découplé, de haute taille, se rapprochant, par ses formes, plus du cheval que du mulet.

Le monsieur et la dame du tilbury semblèrent peu flattés de l'attention dont ils étaient l'objet. L'homme murmura des paroles, probablement désobligeantes, à l'égard de la population.

— En voilà un autre ! reprit Sapeck.

C'était en effet un autre zèbre, attelé à une carriole où s'entassait une petite famille.

Moins élégant de formes que le premier, le second zèbre faisait pourtant honneur à la réputation de rapidité qui honore ses congénères.

Les gens de la carriole eurent vis-à-vis des curieux une tenue presque insolente.

— On voit bien que c'est des Parisiens, s'écria une jeune campagnarde, ça n'a jamais rien vu !

— Encore un ! clama Sapeck.

Et les zèbres succédèrent aux zèbres, tous différents d'allures, et de formes.

Il y en avait de grands comme de grands chevaux, et d'autres, petits comme de petits ânes.

La caravane comptait même un curé, grimpé dans une petite voiture verte et traîné par un tout joli petit zèbre qui galopait comme un fou.

Notre attitude fit lever les épaules au digne prêtre, onctueusement. Sa gouvernante nous appela *tas de voyous*.

Et puis, à la fin, la route reprit sa physionomie ordinaire : les zèbres étaient passés.

— Maintenant, dit Sapeck, je vais vous expliquer le phénomène. Les gens que vous venez de voir sont des habitants de Grailly-sur-Toucque, et sont réputés pour leur humeur acariâtre. On cite même, chez eux, des cas de férocité inouïe. Depuis les temps les plus reculés, ils emploient, pour la traction et les travaux des champs, les zèbres dont il vous a été donné de contempler quelques échantillons. Ils se montrent très jaloux de leurs bêtes, et n'ont jamais voulu en vendre une seule aux gens des autres communes. On suppose que Grailly-sur-Toucque est une ancienne colonie africaine, amenée en Normandie par Jules César. Les savants ne sont pas bien d'accord sur ce cas très curieux d'ethnographie.

Le lendemain, j'eus du phénomène une explication moins ethnographique, mais plus plausible.

Je rencontrai la bonne mère Toutain, l'hôtesse de la ferme Siméon, où logeait Sapeck.

La mère Toutain était dans tous ses états :

— Ah ! il m'en a fait des histoires, votre ami Sapeck ! Imaginez-vous qu'il est venu hier des gens de la paroisse de Grailly en pèlerinage à Notre-Dame-de-Grâce. Ces gens ont mis leurs chevaux et leurs ânes à notre écurie. Monsieur Sapeck a envoyé tout mon monde lui faire des commissions en ville. Moi, j'étais à mon marché. Pendant ce temps-là, Monsieur Sapeck a été emprunter des pots de peinture aux peintres qui travaillent à la maison de M. Dufay, et il a fait des raies à tous les chevaux et à tous les *bourris* des gens de Grailly. Quand on s'en est aperçu, la peinture était sèche. Pas moyen de l'enlever ! Ah ! ils en ont fait une vie, les gens de Grailly ! Ils parlent de me faire un procès. Sacré monsieur Sapeck, va !

Sapeck répara noblement sa faute, le lendemain même.

Il recruta une dizaine de ces lascars oisifs et mal tenus, qui sont l'ornement des ports de mer.

Il empila ce joli monde dans un immense char à bancs, avec une provision de brosses, d'étrilles et quelques bidons d'essence.

À son de trompe, il pria les habitants de Grailly, détenteurs de zèbres provisoires, d'amener leurs bêtes sur la place de la mairie.

Et les lascars mal tenus se mirent à *dézébrer* ferme.

Quelques heures plus tard, il n'y avait pas plus de zèbres dans l'ancienne colonie africaine que sur ma main.

J'ai voulu raconter cette innocente, véridique et amusante farce du pauvre Sapeck, parce qu'on lui en a mis une quantité sur le dos, d'idiotes et auxquelles il n'a jamais songé.

Et puis, je ne suis pas fâché de détromper les quelques touristes ingénus qui pourraient croire encore au fourmillement du zèbre sur certains points de la côte normande.

23. SIMPLE MALENTENDU

Angéline (vous ai-je dit qu'elle se nommait Angéline ?) rappelait d'une façon frappante la *Vierge à la chaise* de Raphaël, moins la chaise, mais avec quelque chose de plus réservé dans la physionomie.

Grande, blonde, distinguée, Angéline ne descendait pourtant pas d'une famille cataloguée au Gotha, ni même au Bottin.

Son père, un bien brave Badois, ma foi ! balayait municipalement les rues de la ville de Paris (*Fluctuat nec mergitur*). Sa mère, une rougeaude et courtaude Auvergnate, était attachée, en qualité de porteuse de pain, à l'une des plus importantes boulangeries du boulevard de Ménilmontant.

Quant à Angéline, au moment où je la connus, elle utilisait ses talents chez une grande modiste de la rue de Charonne.

Son teint pétri de lis et de roses m'alla droit au cœur.

(Je supplie mes lecteurs de ne pas prendre au pied de la lettre ce pétrissage de fleurs. Un jour de l'été dernier, pour me rendre compte, j'ai pétri dans ma cuvette des lis et des roses. C'est ignoble ! et si l'on rencontrait dans la rue une femme lotie de ce teint-là, on n'aurait pas assez de voitures d'ambulance urbaine pour l'envoyer à l'hôpital Saint-Louis).

Comment ce balayeur et cette panetière s'y prirent-ils pour engendrer un objet aussi joliment délicat qu'Angéline ? Mystères de la génération !

Peut-être l'Auvergnate trompa-t-elle un jour le Badois avec un peintre anglais ?

(Les peintres anglais, comme chacun sait, sont réputés dans l'univers entier pour leur extrême beauté.)

Il était vraiment temps que je fisse d'Angéline ma maîtresse, car, le lendemain même, elle allait mal tourner.

Son ravissement de n'avoir plus à confectionner les chapeaux des élégantes du onzième arrondissement ne connut pas de bornes, et elle manifesta à mon égard les sentiments les plus flatteurs, sentiments que j'attribuai à mes seuls charmes.

Je n'eus rien de plus pressé (pauvre idiot !) que d'exhiber ma nouvelle conquête aux yeux éblouis de mes camarades.

— Charmante ! fit le chœur. Heureux coquin !

Un seul de mes amis, fils d'un richissime pharmacien d'Amsterdam, Van Deyck-Lister, crut devoir me blaguer, avec l'accent de son pays, ce qui aggravait l'offense :

— Oui, cette petite, elle n'est pas mal, mais je ne vous conseille pas de vous y habituer.

— Pourquoi cela ?

— Parce que j'ai idée qu'elle ne moisira pas dans vos bras.

— Allons donc ! Je la conserverai aussi longtemps que je voudrai !

— Allons donc, vous-même ! Moi, je l'aurai quand je voudrai !

— Fat !

— Je vous parie cinquante louis qu'elle sera ma maîtresse avant la fin de l'année.

(Nous étions alors au commencement de décembre.)

Cinquante louis, c'était une somme pour moi, à cette époque ! Mais que risque-t-on quand on est sûr ?

Je tins le pari.

Sûr ? Oui, je croyais bien être sûr, mais avec les femmes est-on jamais sûr ? *Donna è mobile.*

Je me manquai pas de rapporter à mon Angéline les propos impertinents de Van Deyck-Lister.

— Et bien ! il a du toupet, ton ami !

Après un silence :

— Cinquante louis, combien que ça fait ?

— Ça fait mille francs.

— Mâtin !

Nous ne reparlâmes plus de cette ridicule gageure, mais moi je ne cessai de penser aux cinquante beaux louis que j'allais palper fin courant.

Un soir je ne trouvai pas Angéline à la maison, comme d'habitude. Elle ne rentra que fort tard.

Plus câline que jamais, elle me jeta ses bras autour du cou, m'embrassa à un endroit qu'elle savait bien et de sa voix la plus sirénéenne :

— Mon chéri, dit-elle, jure-moi de ne pas te fâcher de ce que je vais te dire…

— Ça dépend.

— Non, ça ne dépend pas. Il faut jurer.

— Pourtant…

— Non, pas de pourtant ! Jure.

— Je jure.

— Eh bien ! tu sais que nous ne sommes pas riches, en ce moment…

— Dis plutôt que nous sommes dans une *purée* visqueuse.

— Justement. Eh bien ! j'ai pensé que lorsqu'on peut gagner cinquante louis si facilement, on serait bien bête de se gêner…

— Comprends pas.

— Alors, je suis allée chez ton ami Van Deyck-Lister, et comme ça, il te doit cinquante louis.

La malheureuse ! Voilà comme elle comprenait les paris !

Était-ce jalousie ? Était-ce la fureur de perdre mille francs aussi bêtement ? Je ne me souviens pas, mais toujours est-il qu'à ce moment, je ressemblai beaucoup plus à un obus en fonction qu'à un être doué de raison.

— Tu n'as donc pas compris, espèce de dinde, hurlai-je, que puisque ce sale Hollandais a couché avec toi, c'est moi qui lui dois cinquante louis ?

— Mon Dieu, mon Dieu ! Faut-il que je sois bête ! éclata-t-elle en sanglots.

Et afin qu'elle ne gémît pas pour rien, je lui administrai une paire de calottes, ou deux.

Il y a des gens qui rient jaune ; Angéline, elle, pleurait bleu, car je vis bientôt luire à travers l'onde mourante de ses larmes l'arc-en-ciel de son sourire.

— Veux-tu que je te parle, mon chéri ?

— …

— J'ai une idée. Tu verras, tu ne perdras pas ton argent.

— …

— Demain je retournerai chez Van Deyck-Lister, et je lui dirai de ne rien te dire. Comme ça, c'est lui qui te devra les cinquante louis.

J'acquiesçai de grand cœur à cette ingénieuse proposition.

(Je dois dire, pour mon excuse, que ces faits se passaient dans le courant d'une année où, à la suite d'une chute de cheval, j'avais perdu tout sens moral.)

Très loyalement, Van Deyck-Lister le 31 décembre, à minuit, me remit la somme convenue.

J'empochai ce numéraire sans qu'un muscle de mon visage tressaillît, et j'offris même un bock au perdant.

Souvent, par la suite, Angéline retourna chez Van Deyck-Lister. Chaque fois, elle en revenait munie de petites sommes qui, sans constituer une fortune importante, mettaient quelque aisance dans notre humble ménage.

24. LA JEUNE FILLE ET LE VIEUX COCHON

Il y avait une fois une jeune fille d'une grande beauté qui était amoureuse d'un cochon.

Éperdument !

Non pas un de ces petits cochons jolis, roses, espiègles, de ces petits cochons qui fournissent au commerce de si exquis jambonneaux.

Non.

Mais un vieux cochon, dépenaillé, ayant perdu toutes ses soies, un cochon dont le charcutier le plus dévoyé de la contrée n'aurait pas donné un sou.

Un sale cochon, quoi !

Et elle l'aimait... fallait voir !

Pour un empire, elle n'aurait pas voulu laisser aux servantes le soin de lui préparer sa nourriture.

Et c'était vraiment charmant de la voir, cette jeune fille d'une grande beauté, mélangeant les bonnes pelures de pommes de terre, le bon son, les bonnes épluchures, les bonnes croûtes de pain.

Elle retroussait ses manches et, de ses bras (qu'elle avait fort jolis), brassait le tout dans de la bonne eau de vaisselle.

Quand elle arrivait dans la cour avec son *siau*, le vieux cochon se levait sur son fumier et arrivait trottinant de ses vieilles pattes, et poussant des grognements de satisfaction.

Il plongeait sa tête dans sa pitance et s'en fourrait jusque dans les oreilles.

Et la jeune fille d'une grande beauté se sentait pénétrée de bonheur à le voir si content.

Et puis, quand il était bien repu, il s'en retournait sur son fumier, sans jeter à sa bienfaitrice le moindre regard de ses petits yeux miteux.

Sale cochon, va !

Des grosses mouches vertes s'abattaient, bourdonnantes, sur ses oreilles, et faisaient ripaille à leur tour, au beau soleil.

La jeune fille, toute triste, rentrait dans le cottage de son papa avec son *siau* vide et des larmes plein ses yeux (qu'elle avait fort jolis).

Et le lendemain, toujours la même chose.

Or, un jour arriva que c'était la fête du cochon.

Comment s'appelait le cochon, je ne m'en souviens plus, mais c'était sa fête tout de même.

Toute la semaine, la jeune fille d'une grande beauté s'était creusé la tête (qu'elle avait fort jolie), se demandant quel beau cadeau, et bien agréable, elle pourrait offrir, ce jour-là, à son vieux cochon.

Elle n'avait rien trouvé.

Alors, elle se dit simplement « Je lui donnerai des fleurs. »

Et elle descendit dans le jardin, qu'elle dégarnit de ses plus belles plantes.

Elle en mit des brassées dans son tablier, un joli tablier de soie prune, avec des petites poches si gentilles, et elle les apporta au vieux cochon.

Et voilà-t-il pas que ce vieux cochon-là fut furieux et grogna comme un sourd.

Qu'est-ce que ça lui fichait, à lui, les roses, les lys et les géraniums !

Les roses, ça le piquait. Les lys, ça lui mettait du jaune plein le groin.

Et les géraniums, ça lui fichait mal à la tête.

Il y avait aussi des clématites. Les clématites, il les mangea toutes, comme un goinfre.

Pour peu que vous ayez un peu étudié les applications de la botanique à l'alimentation, vous devez bien savoir que si la clématite est insalubre à l'homme, elle est néfaste au cochon.

La jeune fille d'une grande beauté l'ignorait.

Et pourtant c'était une jeune fille instruite. Même, elle avait son brevet supérieur.

Et la clématite qu'elle avait offerte à son cochon appartenait précisément à l'espèce terrible *clematis cochonicida*.

Le vieux cochon en mourut, après une agonie terrible.

On l'enterra dans un champ de colza.

Et la jeune fille se poignarda sur sa tombe.

25. SANCTA SIMPLICITAS

Il y a, dans le monde, des gens compliqués et des gens simples.

Les gens compliqués sont ceux qui ne sauraient remuer le petit doigt sans avoir l'air de mettre en branle les rouages les plus mystérieux. L'existence de certaines gens compliqués semble un long tissu de ressorts à boudin et de contrepoids.

Voilà ce que c'est que les gens compliqués.

Les gens simples, au contraire, sont des gens qui disent oui quand il faut dire oui, non, quand il faut dire non, qui ouvrent leur parapluie quand il pleut (et qu'ils ont un parapluie) et qui le referment dès que la pluie a cessé de choir. Les gens simples vont tout droit leur chemin, à moins qu'il n'y ait une barricade qui les contraigne à faire un détour.

Voilà ce que c'est que les gens simples.

Parmi les gens les plus simples que j'aie connus, il en est trois dont l'un entra en relation avec les deux autres dans des conditions de simplicité telles que je vous demande la permission de vous conter cette histoire, si vous avez une minute.

Le premier de ces gens simples est un jeune gentilhomme, fort joli garçon et riche, qui s'appelle Louis de Saint-Baptiste.

Les deux autres se composent de M. Balizard, important métallurgiste dans la Haute-Marne, et de Mme Balizard, jeune femme pas jolie, si vous voulez, mais irrésistible pour ceux qui aiment ce genre-là.

Un soir, Mme Balizard demanda simplement à son mari :

— Est-ce que nous n'irons pas bientôt à Paris voir l'Exposition ?

— Impossible, répondit simplement le métallurgiste ; j'ai de très gros intérêts en jeu, et je serais plus fourneau que tous mes hauts fourneaux réunis, si je quittais mon usine en ce moment.

— Bien, répliqua simplement Mme Balizard, nous attendrons.

— Mais, qui t'empêche d'y aller seule, si tu en as envie ?

— Bien, mon ami.

Et le lendemain même de cette conversation (la simplicité n'exclut pas la prestesse) Mme Balizard prenait l'express de Paris, très simplement.

Peu de jours après son arrivée, elle se trouvait au Cabaret Roumain, très émue par la musique des Lautars (la simplicité n'exclut pas l'art), quand un grand, très joli garçon vint s'asseoir près d'elle.

C'était Louis de Saint-Baptiste.

Il la regarda avec une simplicité non dénuée d'intérêt.

Elle le regarda dans les mêmes conditions.

Et il dit :

— Madame, vous avez exactement la physionomie et l'attitude que j'aime chez la femme. Je serais curieux de savoir si votre voix a le timbre que j'aime aussi. Dites-moi quelques mots, je vous prie.

— Volontiers, monsieur. De mon côté, je vous trouve très séduisant, avec votre air distingué, vos yeux bleus qui ont des regards de grand bébé, et vos cheveux blonds qui bouclent naturellement, et si fins.

— Je suis très content que nous nous plaisions. Dînons ensemble, voulez-vous ?

— Dînons ensemble.

Ils dînèrent ensemble ce soir-là, et, le lendemain, ils déjeunèrent ensemble.

Le surlendemain, ce n'est pas seulement leurs repas qu'ils prirent en commun.

Mais tout cela, si simplement!

Les meilleures choses prennent fin, ici-bas, et bientôt Mme Balizard dut regagner Saint-Dizier.

Pas seule.

Dieu avait béni son union passagère et coupable (socialement) avec M. de Saint-Baptiste.

Ce dernier fut immédiatement informé dès que la chose fut certaine, et il en frémit tout de joie dans son cœur simple.

Ce fut une petite fille.

Un beau matin du mois suivant, Saint-Baptiste se dit simplement :

— Je vais aller chercher ma petite fille.

Et il prit l'express de Saint-Dizier.

— M. Balizard, s'il vous plaît ?

— C'est moi, monsieur.

— Moi, je suis M. Louis de Saint-Baptiste, et je viens prendre ma petite fille.

— Quelle petite fille ?

La petite fille dont Mme Balizard est accouchée la semaine dernière.

— C'est votre fille ?

— Parfaitement.

— Tiens ! ça m'étonne que ma femme ne m'ait pas parlé de ça.

— Elle n'y aura peut-être pas songé.

— Probablement.

Et d'une voix forte, M. Balizard cria :

— Marie !

(Marie, c'est le nom de Mme Balizard, un nom simple.)

Marie arriva et très simplement :

— Tiens, fit-elle, Louis ! Comment allez-vous ?

Mais M. Balizard, qui était un peu pressé, abrégea les effusions.

— Ma chère amie, M. de Saint-Baptiste affirme qu'il est le père de la petite.

— C'est parfaitement exact, mon ami, j'ai des raisons spéciales pour être fixée sur ce point.

— Alors il faut lui remettre l'enfant. Occupe-toi de ça. Je vous demande pardon de vous quitter aussi brusquement, mais une grosse affaire de fourniture de rails... À tout à l'heure, Marie... Serviteur, monsieur.

— Bonjour, monsieur.

26. UNE BIEN BONNE

Notre cousin Rigouillard était ce qu'on appelle un drôle de corps, mais comme il avait une rondelette petite fortune, toute la famille lui faisait bonne mine, malgré sa manière excentrique de vivre.

Où l'avait-il ramassée, cette fortune, voilà ce qu'on aurait été bien embarrassé d'expliquer clairement.

Le cousin Rigouillard était parti du pays, très jeune, et il était revenu, un beau jour, avec des colis innombrables qui recélaient les objets les plus hétéroclites, autruches empaillées, pirogues canaques, porcelaines japonaises, etc.

Il avait acheté une maison avec un petit jardin, non loin de chez nous, et c'est là qu'il vieillissait tout doucement et tout gaiement, s'occupant à ranger ses innombrables collections et à faire mille plaisanteries à ses voisins et aux voisins des autres.

C'est surtout ce que lui reprochaient les gens graves du pays : Un homme de cet âge-là s'amuser à d'aussi puériles facéties, est-ce raisonnable ?

Moi qui n'étais pas un *gens grave* à cette époque-là, j'adorais mon vieux cousin qui me semblait résumer toutes les joies modernes.

Le récit des blagues qu'il avait faites en son jeune temps me plongeait dans les délices les plus délirantes et, bien que je les connusse toutes à peu près par cœur, j'éprouvais un plaisir toujours plus vif à me les entendre conter, et reconter.

— Et toi, me disait mon cousin, as-tu fait des blagues à tes pions, aujourd'hui ?

Hélas, si j'en faisais ! C'était une dominante préoccupation (j'en rougis encore) et une journée passée, sans que j'eusse berné un pion ou un professeur, me paraissait une journée perdue.

Un jour, à la classe d'histoire, le maître me demande le nom d'un fermier général. Je fais semblant de réfléchir profondément et je lui réponds avec une effroyable gravité :

— Cincinnatus !

Toute la classe se tord dans des spasmes fous de gaieté sans borne. Seul, le professeur n'a pas compris. La lumière pourtant se fait dans son cerveau, à la longue. Il entre dans un accès d'indignation et me congédie *illico*, avec un stock de pensums capable d'abrutir le cerveau du gosse le mieux trempé.

Mon cousin Rigouillard, à qui je contai cette aventure le soir même, fut enchanté de ma conduite, et son approbation se manifesta par l'offrande immédiate d'une pièce de cinquante centimes toute neuve.

Rigouillard avait la passion des collections archéologiques, mais il éprouvait une violente aversion pour les archéologues, tout cela parce que sa candidature à la Société d'archéologie avait été repoussée à une énorme majorité.

On ne l'avait pas trouvé assez sérieux.

— L'archéologie est une belle science, me répétait souvent mon cousin, mais les archéologues sont de rudes moules.

Il réfléchissait quelques minutes et ajoutait en se frottant les mains :

— D'ailleurs, je leur en réserve une… une bonne… une bien bonne même !

Et je me demandais quelle bien bonne blague mon cousin pouvait réserver aux archéologues.

Quelques années plus tard, je reçus une lettre de ma famille. Mon cousin Rigouillard était bien malade et désirait me voir.

J'arrivai en grande hâte.

— Ah ! te voilà, petit, je te remercie d'être venu ; ferme la porte, car j'ai des choses très graves à te dire.

Je poussai le verrou, et m'assis près du lit de mon cousin.

— Il n'y a que toi, continua-t-il, qui me comprenne, dans la famille ; aussi c'est toi que je vais charger d'exécuter mes dernières volontés… car je vais bientôt mourir.

— Mais non, mon cousin, mais non…

— Si, je sais ce que je dis, je vais mourir, mais en mourant, je veux faire une blague aux archéologues, une bonne blague !

Et mon cousin frottait gaiement ses mains décharnées…

— Quand je serai claqué, tu mettras mon corps dans la grande armure chinoise qui est dans le vestibule en bas, celle qui te faisait si peur quand tu étais petit.

— Oui, mon cousin.

— Tu enfermeras le tout dans le cercueil en pierre qui se trouve dans le jardin, tu sais... le cercueil gallo-romain !

— Oui, mon cousin.

— Et tu glisseras à mes côtés cette bourse en cuir qui contient ma collection de monnaies grecques : c'est comme ça que je veux être enterré.

— Oui, mon cousin.

— Dans cinq ou six cents ans, quand les archéologues du temps me déterreront, crois-tu qu'ils en feront une gueule, hein ! Un guerrier chinois avec des pièces grecques dans un cercueil gallo-romain ?

Et mon cousin, malgré la maladie, riait aux larmes, à l'idée de la *gueule*que feraient les archéologues, dans cinq cents ans.

— Je ne suis pas curieux, ajoutait-il, mais je voudrais bien lire le rapport que ces imbéciles rédigeront sur cette découverte.

Peu de jours après, mon cousin mourut.

Le lendemain de son enterrement, nous apprîmes que toute sa fortune était en viager.

Ce détail contribua à adoucir fortement les remords que j'ai de n'avoir pas glissé dans le cercueil en pierre la collection de monnaies grecques (la plupart en or).

Autant que ça me profite à moi, me suis-je dit, qu'à des archéologues pas encore nés.

27. TRUC CANAILLE

Durant l'année 187... ou 188... (le temps me manque pour déterminer exactement cette époque pénible) le Pactole inonda désespérément peu le modeste logement que j'occupais dans les parages du Luxembourg (le jardin, pas le grand-duché).

Ma famille (de bien braves gens, pourtant), vexée de ne pas me voir passer plus d'examens brillants (à la rigueur, elle se serait contentée d'examens ternes), m'avait coupé les vivres comme avec un rasoir.

Et je gémissais dans la nécessité, l'indigence et la pénurie.

Mes seules ressources (si l'on peut appeler ça des ressources) consistaient en chroniques complètement loufoques que j'écrivais pour une espèce de grand serin d'étudiant, lequel les signait de son nom dans le *Hanneton de la Rive gauche* (organe disparu depuis).

Le grand serin me rémunérait à l'aide de bien petites sommes, mais je me vengeais délicieusement de son rapiatisme en couchant avec sa maîtresse, une fort jolie fille qu'il épousa par la suite.

C'était le bon temps.

On avait bon appétit, on trouvait tout succulent, et l'on était heureux comme des dieux quand, le soir, on avait réussi à dérober un pot de moutarde à Canivet, marchand de comestibles dont le magasin se trouvait un peu au-dessus du lycée Saint-Louis, près du Sherry-Gobbler.

La seule chose qui m'ennuyait un tantinet, c'était le terme.

Et ce qui m'ennuyait dans le terme, ce n'était pas de le payer (je ne le payais pas), c'était précisément de ne pas le payer. Comprenez-vous ?

Tous les soirs, au moment de rentrer, une angoisse me prenait à l'idée d'affronter les observations et surtout le regard de ma concierge.

Oh ! ce regard de concierge !

Dieu vous préserve à jamais d'une concierge qui vous regarderait comme la mienne me regardait !

La prunelle de cette chipie semblait un meeting de tous les mauvais regards de la création.

Il y avait, dans ce regard, de l'hyène, du tigre, du cochon, du cobra capello, de la sole frite et de la limace.

Sale bonne femme, va !

Elle était veuve, et rien ne m'ôtera de l'idée que son mari avait péri victime du *regard*.

Moi qui me trouvais beaucoup trop jeune alors pour trépasser de cette façon, ou plus généralement de toute autre façon, je ruminais mille projets de déménagement.

Quand je dis de déménagement, je me flatte, car c'était une simple évasion que je rêvais, comme qui dirait une sortie à la cloche de bois.

À cette époque, j'avais le sens moral extrêmement peu développé.

Ayant appris à lire dans Proudhon, je n'ai jamais douté que la propriété ne fût le vol, et la pensée d'abandonner un immeuble, en négligeant de régler quelques termes échus, n'avait rien qui m'infligeât la torture du remords.

Mon propriétaire, d'ailleurs, excluait toute idée d'intérêt sympathique.

Ancien huissier, il avait édifié une grosse fortune sur les désastres et les ruines de ses contemporains.

Chaque étage de ses maisons représentait pour le moins une faillite, et j'étais bien certain que cet impitoyable individu avait autant de désespoirs d'homme sur la conscience que de livres de rente au Grand-Livre.

Le terme de juillet et celui d'octobre passèrent sans que j'offrisse la moindre somme à ma concierge.

Oh ! ces regards !

Je reçus quelques échantillons du style épistolaire de mon propriétaire, lequel m'indiquait le terme de janvier comme l'extrême limite de ses concessions.

C'est à ce moment que je conçus un projet qu'à l'heure actuelle je considère encore comme génial.

Au 1er janvier, j'envoyai à mon propriétaire une carte de visite ainsi libellée :

Alphonse Allais

FABRICANT D'ÉCRABOUILLITE

Le 8 janvier arriva et se passa, sous le rapport de mon versement, absolument comme s'étaient passés le 8 juillet et le 8 octobre précédents.

Le soir, *regard* de ma concierge (oh ! ce regard !...) et communication suivante :

— Ne sortez pas de trop bonne heure demain matin. Monsieur le propriétaire a quelque chose à vous dire.

Je ne sortis pas de trop bonne heure, et j'eus bien raison, car si jamais je me suis amusé dans ma vie, c'est bien ce matin-là.

Je tapissai mon logement d'étiquettes énormes :

Défense expresse de fumer

J'étalai sur une immense feuille de papier blanc environ une livre d'amidon, et j'attendis les circonstances.

.   .   .   .

Un gros pas qui monte l'escalier, c'est l'ancien recors.

Un coup de sonnette. J'ouvre.

Justement, il a un cigare à la bouche.

J'arrache le cigare et le jette dans l'escalier, en dissimulant, sous le masque de la terreur, une formidable envie de rire.

— Eh bien ! qu'est-ce que vous faites ? s'écrie-t-il, effaré.

— Ce que je fais ?... Vous ne savez donc pas lire ?

Et je lui montre les *Défense expresse de fumer*.

— Pourquoi ça, défense de fumer ?

— Parce que, malheureux, si une parcelle de la cendre de votre cigare était tombée sur cette *écrabouillite*, nous sautions tous, vous, moi, votre maison, tout le quartier !

Mon propriétaire n'était pas, d'ordinaire, très coloré, mais à ce moment sa physionomie revêtit ce ton vert particulier qui tire un peu sur le violet sale.

Il balbutia, bégayant, bavant d'effroi :

— Et vous... fabriquez... ça... chez... moi !

— Dame ! répondis-je avec un flegme énorme : si vous voulez me payer une usine au sein d'une lande déserte...

— Voulez-vous vous dépêcher de f... le camp de chez moi !

— Pas avant de vous payer vos trois termes.

— Je vous en fais cadeau, mais, de grâce, f... le camp, vous et votre...

— Écrabouillite !... Auprès de mon écrabouillite, monsieur, la dynamite n'est pas plus dangereuse que la poudre à punaises.

— F... le camp !... F... le camp !...

Et je f... le camp.

28. ANESTHÉSIE

Nous faisions de la poésie,
Anesthésie, Anesthésie...
Etc.
(Air connu.)

Le premier étage de cette somptueuse demeure était occupé par un dentiste originaire de Toulouse qui avait mis sur sa porte une plaque de cuivre avec ces mots : *Surgeon dentist.*

Dans leur ignorance de la langue anglaise, les bonnes de la maison avaient conclu que le Toulousain s'appelait Surgeon et disaient de lui, sans qu'une protestation discordante s'élevât jamais : « Un beau gars, hein, que M. Surgeon ! »

(Au cas où cette feuille tomberait sous les yeux d'une bonne de la maison, qu'elle sache que *surgeon* signifie *chirurgien* en anglais.)

Les bonnes de la maison étaient, en cette occurrence, de fines connaisseuses, car M. Surgeon (conservons-lui cette appellation) constituait, à lui seul, un des plus jolis hommes de cette fin de siècle.

Imaginez-vous le buste de Lucius Verus, complété par le torse d'Hercule Farnèse, — en plus moderne, bien entendu.

Le deuxième étage de la somptueuse demeure en question était occupé par M. Lecoq-Hue et sa jeune femme.

Pas très bien, M. Lecoq-Hue. Petiot, maigriot, roussot, le cheveu rare, l'œil chassieux ; non, décidément, M. Lecoq-Hue n'était pas très bien ! et jaloux, avec ça, comme une jungle ! L'histoire de son mariage était des plus curieuses et l'on a écrit bien des romans pour moins que cela.

Très riche, il fit connaissance d'une jeune fille très belle, institutrice des enfants de sa belle-sœur. Il devint éperdument amoureux de la jolie personne, obtint sa main et en profita pour l'épouser.

L'institutrice ne lui pardonna jamais d'être si laid et si insuffisant. Bien avant l'hymen accompli, elle avait juré de se venger. Après l'hymen, elle renouvela son serment, plus farouche, cette fois, et mieux informé.

Il ne se passait pas de jour où M. Surgeon ne rencontrât dans l'escalier la délicieuse et superbe Mme Lecoq-Hue.

Chaque fois, il se disait :

— Mâtin !... voila une femme avec laquelle on ne doit pas s'embêter !

Chaque fois, elle se disait :

— Mâtin !... voilà un homme avec lequel on ne doit pas s'embêter !

(Je ne garantis pas la teneur scrupuleuse de ce double propos, mais je puis en certifier l'esprit exact.)

Ils finirent par se saluer, et, peu de temps après, ils en arrivèrent à se demander des nouvelles de leur santé.

Et puis, peu à peu, ils parlèrent de choses et autres, mais furtivement, hélas ! et toujours dans l'escalier. Un jour, Surgeon, enhardi, osa risquer :

— Quel dommage, madame, que vous soyez pour moi une si mauvaise cliente !

Regret mêlé de madrigal, car, entre autres perfections, Mme Lecoq-Hue était douée d'une dentition à faire pâlir tous les râteliers de la côte d'Afrique.

Ce regret mêlé de madrigal dégagea dans l'esprit de Mme Lecoq-Hue la lueur, soudaine de la bonne idée.

Le lendemain, avec cet air naturel qu'ont toutes les femmes qui se préparent à un mauvais coup (ou un bon) :

— Mon ami, dit-elle, je descends chez le dentiste.

— Quoi faire, ma chérie ?

— Mais... faire ce qu'on fait chez les dentistes, parbleu !

— Tu as donc mal aux dents ?

— J'en suis comme une folle.

— Mal d'amour.

— Idiot !

Et, sur ce mot de conciliation, elle descendit l'étage qui la séparait de M. Surgeon.

Mal aux dents... elle ! Allons donc ! M. Lecoq-Hue sentit poindre en son cœur l'aiguillon du doute.

Lui aussi connaissait le beau Surgeon, le superbe Lucius Vérus, l'inquiétant Hercule Farnèse du premier.

Non, mal aux dents, cela n'était pas naturel. Livide de jalousie, il sonna à son tour à la porte du chirurgien.

Ce fut M. Surgeon lui-même qui vint ouvrir.

— Vous désirez, monsieur ?

Trac ? honte ? crainte de s'être trompé ? On ne sait ; mais M. Lecoq-Hue balbutia :

— Je viens vous prier de m'arracher une dent.

— Parfaitement, monsieur, asseyez-vous ici, dans ce fauteuil. Ouvrez la bouche. Laquelle ?

— Celle-ci.

— Parfaitement... Sans douleur ou *avec* douleur ?

Et le terrible homme prononça *avec*, comme si ce simple mot eût comporté un *h* aspiré et un *k*, mais un de ces *k* qui ne pardonnent pas : HAVECK !

— Sans douleur! blêmit le mari.

Aussitôt les protoxydes d'azote, les chloroformés, les chlorures de méthyle s'abattirent sur l'organisme du malheureux, comme s'il en pleuvait.

Quelques instants plus tard, dans le cabinet voisin, comme la belle Mme Lecoq-Hue objectait faiblement :

— Voyons, relevez-vous, si mon mari...

— Ah votre mari ! s'écria Surgeon en éclatant de rire. Votre mari... vous ne pouvez pas vous faire une idée de ce qu'il dort !

Et comme ils l'avaient bien prévu tous les deux, ils ne s'embêtèrent pas.

29. IRONIE

C'est dans un estaminet du plus pur style Louis-Philippe.

Il est difficile de rêver un endroit plus démodé et plus lugubre.

Les tables, d'un marbre jauni, s'allongent, désertes de consommateurs.

Dans le fond, un vieux billard à blouses prend des airs de catafalque moisi, et les trois billes (même la rouge), du même jaune que les tables, ont des gaîtés d'ossements oubliés.

Dans un coin, un petit groupe de clients, qui semblent *de l'époque*, font une interminable partie de dominos ; leurs dés et leurs doigts ont des cliquetis de squelettes. Par instant, les vieux parlent, et toutes leurs phrases commencent par « *De notre temps...* »

Au comptoir, derrière des vespétros surannés et des *parfait-amour* hors d'âge, se dresse la patronne, triste et sèche, avec de longs repentirs du même jaune pâle que les tables et les billes de son billard.

Le garçon, un vieux déplumé, qui prend avec la patronne des airs familiers (il doit être depuis longtemps dans la maison), rôde comme une âme en peine autour des tables vides.

Alors entrent trois jeunes gens évidemment égarés.

Ils sont reçus avec des airs hostiles de la part des dominotiers et du garçon. Seule la dame de comptoir arbore un vague sourire, peut-être rétrospectif.

Elle se rappelle que, dans le temps, c'était bon les jeunes gens.

Les nouveaux venus, un peu interloqués d'abord par le froid ambiant, s'installent. Soudain l'un d'eux s'avance vers le comptoir.

— Madame, dit-il avec la plus exquise urbanité, il peut se faire que nous mourions de rire dans votre établissement. Si pareille aventure arrivait, vous voudriez bien faire remettre nos cadavres à nos familles respectives. Voici notre adresse.

30. TICKETS !

souvenir de l'exposition universelle de 1889

— J'achète des tickets !

Il m'advint souvent de m'arrêter longtemps près de celle qui poussait et repoussait à perdre haleine cette clameur désespérée, et jamais je ne vis s'engager la moindre transaction.

— J'achète des tickets !

Il est vrai que l'acheteuse n'offrait pas un aspect extérieur capable de fournir quelque illusion aux détenteurs de tickets. Ses bottines ne s'étaient certainement pas crottées à la boue du Pactole, le bas de son jupon non plus.

Sa voix, surtout, excluait toute idée de capital disponible, une voie enrouée par une affection que je diagnostiquai : crapulite pochardoïde et vadrouilliforme.

Imaginez-vous une de ces grandes filles noiraudes et maigres, modelée comme à coups de sabre, n'ayant pour elle que ses yeux, mais les ayant bien.

— J'achète des tickets !

Moi, je l'aimais beaucoup, cette grande bringue, et si j'avais eu des tickets à vendre, je les lui aurais offerts de bon cœur pour rien, pour ses yeux.

Ses yeux ! Ses yeux, où tout le reste d'elle semblait s'être effondré !

Ses yeux, où des escadres de cœurs auraient évolué à leur aise !

— J'achète des tickets !

Or, vers la fin de l'Exposition, mon oncle Alcide Toutaupoil débarqua chez moi.

— Je me suis décidé au dernier moment, dit-il, je compte sur toi pour me montrer les beautés de l'Exposition sans me faire perdre de temps.

Mon oncle Toutaupoil est un homme grave, notaire d'une petite ville située dans le nord-ouest du centre de la France, et que la discrétion professionnelle m'empêche de désigner plus clairement.

Archéologue de mérite, mon oncle jouit dans toutes les Sociétés savantes régionales d'une enviable notoriété, et son mémoire : *Le Tesson de bouteille à travers les âges* (avec 14 planches en taille-douce), se trouve dans toutes les bibliothèques dignes de ce nom.

C'est assez indiquer qu'Alcide Toutaupoil ne manifeste aucune vocation sérieuse pour le rôle de gonfalonier de la rigolade moderne.

— La danse du ventre ? Tu veux me faire voir la danse du ventre ? Tu n'y penses pas, mon pauvre ami ! je ne suis pas venu à Paris pour ça !

— Mais, mon oncle, c'est de l'ethnographie, après tout. Vous ne connaîtrez jamais une civilisation à fond, si vous vous obstinez, sous le prétexte de la pudeur à repousser certains spectacles qui, certes, froissent nos sentiments les plus intimes, mais qui n'en sont pas moins un enseignement fructueux. La science a de ces exigences, mon oncle !

C'est ainsi que je décidai mon austère parent à m'offrir des consommations variées dans les endroits drôles de l'Exposition. Je connaissais la Galerie des Machines et j'avais assez vu les maîtres-autels rétrospectifs.

— J'achète des tickets !

Un jour, je lui montrai la grande fille aux yeux plus grands encore, qui proposait d'acheter tant de tickets et qui en achetait si peu.

Mon oncle eut presque un accès !

— Comment ! s'écria-t-il, c'est toi, toi que j'ai connu dans le temps presque raisonnable, c'est toi qui jettes les yeux sur de telles créatures ! C'est à croire que tu as une perversion du sens génésiaque.

Génésiaque était dur ? Je n'insistai pas.

— J'achète des tickets !

Comme toute chose d'ici-bas, l'Exposition universelle de 1889 eut une fin, et je ne revis plus ma commerçante aux yeux.

— J'achète des tickets !

Quelques jours plus tard, je me promenais dans la fête de Montmartre, quand une baraque attira mes regards. On y montrait, disait l'enseigne :

La belle Zim-laï-lah
La seule véritable Exotique de la Fête.

Dans la foule, une jeune femme du peuple, appuyée sur le bras d'un robuste travailleur, demanda à ce dernier :

— De quel pays que c'est, les Exotiques ?

— Les Exotiques ?... C'est du côté de l'Algérie, parbleu !... en tirant un peu sur la gauche.

La jeune femme du peuple jeta sur le vigoureux géographe un long regard où se lisait l'admiration.

J'entrai voir la belle Exotique.

Zim-laï-lah, plus jolie que Fatma, ma foi ! et l'air aussi intelligent, trônait au milieu d'almées sans importance.

Parmi ces dernières...

— J'achète des tickets !

Parmi ces dernières, elle, la grande noiraude avec des yeux !

Après la représentation, nous causâmes :

— Dites donc, votre ami, le vieux avec qui que vous veniez à l'Exposition...

— Eh bien ?

— Eh bien ! il est rien vicieux... Par exemple, il a été rudement chouette ! Nous avons passé deux heures ensemble, et il m'a donné plus de deux cents tickets !

— J'achète des tickets !

31. UN PETIT FIN « DE SIÈCLE »

— Dis donc, mon oncle ?

— Mon ami…

— Tu sais pas ?… Si t'étais bien gentil ?…

— Si j'étais bien gentil ?

— Oui… Eh ben, tu me ferais mettre un article dans le *Chat Noir*.

— Qu'entends-tu par *te faire mettre un article* ?

— Eh ben, me faire imprimer une histoire que j'ai faite, pardi !

— Comment, tu fais de la littérature, toi ?

— Pourquoi pas ?… et pas plus bête que la tienne, tu sais.

— Prétentieux !

— Prétentieux ?… Prétentieux parce qu'on se croit aussi malin que monsieur !… Oh ! là, là, ce que tu te gobes, mon vieux !

— !!!… Et alors, tu veux débuter dans la presse ?

— Oui, j'ai écrit une petite histoire, je veux te la donner, tu la feras imprimer. Je ne la signerai pas, parce que maman ferait des histoires à n'en plus finir. Toi, tu la signeras, mais nous partagerons la galette.

— À la bonne heure, tu es pratique !

— Dame, si on n'est pas pratique à sept ans, je me demande un peu à quel âge qu'on le sera.

— Où est-il, ton chef-d'œuvre ?

— Tiens, le voilà :

HISTOIRE D'UN MÉCHANT PETIT TROQUET

ET D'UNE BONNE PETITE LAMPISTE

À Mesdemoiselles Manitou et Tonton.

Il y avait une fois, boulevard de Courcelles, un mauvais petit garnement qui était le fils d'un marchand de vins.

Personne ne l'aimait dans le quartier, parce que c'était un sale gosse qui faisait des blagues à tout le monde.

Il avait de vilains cheveux rouges plantés raides, des grandes oreilles détachées de la tête, et un petit nez retroussé comme le museau de ces chiens qui tuent les rats, et puis des taches de rousseur plein la figure.

Il faisait tant de bruit avec son fouet, qu'on aurait dit que c'était un vrai charretier.

À côté de la boutique de son père, il y avait un marchand de lampes qui vendait aussi des seaux, des arrosoirs et des brocs en zinc.

Alors le petit troquet venait s'amuser à taper sur tous ces ustensiles pour faire du bruit et embêter les voisins.

Le lampiste avait une petite fille qui était aussi gentille que le petit garçon était désagréable.

On ne peut pas s'imaginer quelque chose de plus charmant et de plus doux que cette petite fille.

Elle avait des yeux bleus, un beau petit nez, une joli petit bouche et des cheveux blonds si fins, si fins, que quand il n'y en avait qu'un, on ne le voyait pas.

Quand il faisait beau, elle s'installait sur le trottoir avec son petit pliant, et elle apprenait ses leçons, et, quand elle savait ses leçons, elle faisait de la tapisserie.

À ce moment-là, le petit troquet arrivait par derrière et lui tirait sa natte en faisait dign, dign, dign, comme si sa natte était la corde d'une cloche de bateau à vapeur.

Ça embêtait joliment la petite lampiste. Mais, un jour, elle a eu une idée. Elle a pris des sous dans le comptoir et elle les a donnés au petit apprenti de son papa, qui était très fort et qui a fichu de bons coups de poing sur le nez du petit troquet et de bons coups de pied dans les jambes.

Le petit troquet a dit à ses parents qu'il s'était fichu par terre, et que c'est pour ça qu'il saignait du nez.

Le lendemain, il revint tirer la natte de la pauvre petite lampiste.

Alors, voilà la petite lampiste qui se met en colère et qui se demande comment elle ferait pour faire une bonne blague au mauvais petit troquet.

Voici ce qu'elle a fait :

Elle l'a invité à faire la dînette, avec elle, un jeudi, et d'autres petites filles.

On commence par manger des gâteaux, du raisin, de tout, et puis elle dit :

— Maintenant, nous allons boire du vin blanc.

Et elle remplit les verres avec de l'essence qui sert pour les lampes.

Les petites filles, qui étaient averties, n'ont rien bu, mais le mauvais petit troquet a tout avalé.

Il fut malade comme un cheval, et même sa maman croyait bien qu'il en claquerait, mais il était tellement entêté qu'il n'a jamais voulu dire comment ça lui était venu.

Heureusement qu'ils avaient un bon médecin qui l'a guéri.

Quand il a été guéri, il a été embrasser la petite lampiste, et lui a demandé pardon de ses méchancetés, et depuis, il ne lui a jamais tiré sa natte, ni tapé sur les arrosoirs.

Il est devenu très gentil, ses cheveux ont été moins rouges, ses taches de rousseur se sont en allées, ses oreilles se sont recollées et son nez n'a plus ressemblé à un museau de chien de boucher.

Et puis, quand il a été grand, il s'est marié avec la petite lampiste et ils ont eu beaucoup d'enfants.

On a mis tous les garçons à l'École polytechnique.

Signé : Toto.

— Hein ! mon oncle, qu'est-ce que tu dis de cette histoire-là ?

— Très intéressante, mais ta jeune lampiste me fait l'effet d'être un jolie petite rosse.

— Pour sûr !

— Eh bien ! alors ?

— Alors, quoi ? T'as donc pas compris que c'est une histoire ironique ?... Eh bien ! là, vrai ! je ne te croyais pas si daim !

(Le bruit d'un coup de pied dans le derrière retentit.)

32. ALLUMONS LA BACCHANTE

Le riche amateur contempla longuement le tableau.

C'était un beau tableau fraîchement peint, qui représentait une bacchante nue à demi renversée.

On reconnaissait que c'était une bacchante à la grappe de raisin qu'elle mordillait à belles dents. Et puis des pampres s'enroulaient dans ses cheveux, comme dans les cheveux de toute bacchante qui se respecte ou même qui ne se respecte pas.

Le riche amateur était content, mais content sans l'être.

Anxieux, le jeune peintre attendait la décision du riche amateur.

— Mon Dieu, oui, disait ce dernier, c'est très bien… c'est même pas mal du tout… la tête est jolie… la poitrine aussi… c'est bien peint… la grappe de raisin me fait venir l'eau à la bouche, mais… mais votre bacchante n'a pas l'air assez… comment dirais-je donc ?… assez bacchante.

— Vous auriez voulu une femme saoule, quoi ! repartit timidement l'artiste.

— Saoule, non pas ! mais… comment dirais-je donc ?… allumée.

Le peintre ne répondit rien, mais il se gratta la tête.

Pour une fois, le riche amateur avait raison. La Bacchante était jolie au possible, mais un peu raisonnable, pour une bacchante.

— Allons, mon jeune ami, conclut le capitaliste, passez encore quelques heures là-dessus. Je reviendrai demain matin. D'ici là, tâchez de… comment dirais-je donc ?…

— … D'allumer la bacchante !

— C'est cela même.

Et disparut le capitaliste.

— Allumons la bacchante, se dit courageusement le jeune peintre, allumons la bacchante !

Le modèle qui lui avait posé ce personnage était une splendide gaillarde de dix-huit ans, certainement titulaire de la plus belle poitrine de Paris et de la grande banlieue.

Je crois bien que si vous connaissiez ce modèle-là, vous n'en voudriez jamais plus d'autre.

Et la tête valait la poitrine, et tout le reste du corps valait la poitrine et la tête. Ainsi !…

Mais, malheureusement, un peu froide.

(Un jour qu'elle posait chez Gustave Boulanger, ce maître lui dit, avec une nuance d'impatience :

— Mais allume-toi donc nom d'un chien !… C'est à croire que tu es un modèle de la régie.

(Boutade assez déplacée, entre nous, dans la bouche d'un membre de l'Institut.)

Notre jeune artiste se rendit en toute hâte chez son modèle.

La jeune personne dormait encore.

Il la fit se lever, s'habiller, le tout avec une discrétion professionnelle, et l'emmena chez lui.

Il avait son idée.

Ils déjeunèrent ensemble, chez lui.

Les nourritures les plus pimentées couvraient la table, et le champagne coula avec la même surabondance que si c'eût été l'eau du ciel.

Et, après déjeuner, je vous prie de croire que, pour une bacchante allumée, c'était une bacchante allumée.

Et le jeune peintre aussi était allumé.

Elle reprit la pose.

— Nom d'un chien ! cria-t-il, ça y est !

Je te crois que ça y était.

Elle s'était renversée un peu trop. Les joues flambaient d'un joyeux carmin.

Une roseur infiniment délicate nuançait — oh ! si doucement — l'ivoire impeccable de sa gorge de reine.

Les yeux s'étaient presque fermés, mais à travers les grands cils, on voyait l'éclat rieur de son petit regard gris.

Et dans l'unique pourpre de la bouche entr'ouverte, luisait la nacre humide, attirante, de ses belles quenottes.

Le lendemain, quand le riche amateur revint, il trouva l'atelier fermé.

Il monta à l'appartement et frappa des *toc toc* innombrables.

— Ma Bacchante ! clamait-il, ma Bacchante !

À la fin, une voix partit du fond de l'alcôve, la propre voix de la bacchante, et la voix répondit :

— Pas encore finie !

33. TENUE DE FANTAISIE

Après une frasque plus exorbitante que les précédentes — et Dieu sait si parmi les précédentes il s'en trouvait d'un joli calibre ! — le jeune vicomte Guy de La Hurlotte fut invité par son père à contracter un engagement de cinq ans dans l'infanterie française.

Guy, dont la devise était qu'on peut s'amuser partout, demanda seulement qu'on ne l'envoyât pas trop loin de Paris.

— Pourquoi pas tout de suite à la caserne de la Pépinière, à deux pas du boulevard ? s'écria le terrible comte. Non, mon garçon, tu iras au Sénégal.

La comtesse éclata en sanglots. Le Sénégal ! Est-ce qu'on revient du Sénégal !

— En Algérie, alors.

Finalement, après de nouveaux gémissements maternels, on tomba d'accord sur L..., petite garnison de Normandie, assez maussade et dénuée totalement de restaurants de nuit.

L'entrée de Guy dans l'existence militaire répondit exactement à ses remarquables antécédents civils.

Avec cette désinvolture charmante et cette aisance aristocratique que lui enviaient tous ses camarades, Guy, muni de sa feuille de route, pénétra chez l'officier chargé des écritures du régiment et qu'on appelle le *gros major*.

— Bonjour, mesdames, bonjour, messieurs... Ah ! pardon, il n'y a pas de dames, et je le regrette... Le gros major, s'il vous plaît ?

— C'est moi, fit un grand vieux sec, en veston, d'aspect grincheux.

— Comment ! c'est vous le gros major ? reprit Guy au comble de l'étonnement. Eh bien ! il faut que vous me le disiez vous-même pour que je le croie. Vous n'êtes pas gros du tout... et vous avez l'air si peu major ! Quand on me parlait du gros major, ce mot évoquait dans mon esprit une manière de futaille galonnée. J'arrive, et qu'est-ce que je trouve ?... une espèce d'échalas civil.

L'officier, déjà fort désobligé par ces propos impertinents, bondit de rage et d'indignation lorsqu'il apprit qu'ils étaient tenus par un simple engagé, un *bleu* !

L'attitude du jeune vicomte reçut sa récompense immédiate sous forme de huit jours de consigne.

— Et puis, ajouta l'officier, je me charge de vous recommander à votre capitaine.

— Je m'en rapporte à vous, mon gros major, et vous en remercie à l'avance. On n'est jamais trop recommandé auprès de ses chefs.

De tels débuts promettaient ; ils tinrent.

Tout de suite, Guy de La Hurlotte devint la coqueluche du régiment, où il apporta, à remplir ses devoirs militaires, tant de fantaisie et un tel parti pris d'imprévu, que la discipline n'y trouva pas toujours son compte.

Mais pouvait-on lui en vouloir, à cet endiablé vicomte, si charmant, si bon garçon, toujours le cœur et le londrès sur la main ?

Avec le peu d'argent qu'il recevait de sa famille et le grand crédit qu'il s'était procuré en ville, Guy menait au régiment une vie fastueuse de grand seigneur pour qui ne comptent édits ni règlements.

Pourtant, dans les premiers jours de son incorporation, le jeune vicomte *écopa*, comme on dit dans l'armée, deux jours de salle de police.

Passant avec sa compagnie dans la grand'rue de L..., Guy adressa une fougueuse déclaration et des baisers sans nombre à une jeune femme qui, sur son balcon, regardait la troupe.

Indigné de cette mauvaise tenue, le capitaine Lemballeur, aussitôt rentré, lui *porta ce motif* :

A eu dans les rangs une attitude tumultueuse et gesticulatoire peu conforme au rôle d'un soldat de deuxième classe.

Vous pensez si Guy fit un sort à ce libellé. Les mots *tumultueuse* et *gesticulatoire* devinrent populaires au régiment et en ville, et le pauvre capitaine Lemballeur n'osa plus jamais punir Guy.

Le colonel lui-même se sentait désarmé devant cette belle humeur, et, quand une plaisanterie du vicomte lui revenait aux oreilles, il se contentait de hausser les épaules avec indulgence, en murmurant « Sacré La Hurlotte, va ! »

Je n'entreprendrai pas de raconter par le menu les aventures militaires de notre joyeux ami. Les plus gros formats n'y suffiraient pas.

Je me contenterai, si vous voulez bien, de vous narrer l'épisode qui, selon moi, marque le point culminant de sa carrière fantaisiste.

C'était un dimanche. Guy se trouvait *de garde*.

À dix heures du soir, il prenait la faction au *magasin*, situé à deux ou trois cents mètres du poste.

Ce soir-là, il y avait grand remue-ménage aux environs du magasin. Des gens du voisinage donnaient un grand bal costumé où devaient se rendre toute la brillante société de L...

Quelques invités (Guy était aussi répandu en ville que populaire au régiment) reconnurent, dans l'humble factionnaire, le brillant vicomte. Ce ne fut qu'un cri :

— Eh bien ! La Hurlotte, vous n'êtes donc pas des nôtres, ce soir ?

— J'en suis au désespoir, mais il m'est bien difficile de m'absenter en ce moment. On m'a confié la garde de cet édifice, et si on le dérobait en mon absence, je serais forcé de le rembourser à l'État, ce qui ferait faire une tête énorme à mon pauvre papa, déjà si éprouvé.

— Vous ne pouvez pas vous faire remplacer ?

— Tiens ! c'est une idée.

En effet, c'était une idée, une mauvaise idée, il est vrai ; mais pour Guy, une mauvaise idée valut toujours mieux que pas d'idée du tout.

Justement, un soldat passait, un petit blond timide.

— Veux-tu gagner cent sous, Baudru ?

— Ça n'est pas de refus... mais en quoi faisant ?

— En prenant ma faction, jusqu'à minuit moins le quart.

Tout d'abord Baudru frémit devant cette incorrecte proposition, mais, dame ! cent sous...

— Allons, conclut-il, passe-moi ton sac et ton *flingot*, et surtout, ne sois pas en retard.

L'entrée de Guy fit sensation.

Il avait trouvé dans le vestibule une superbe armure dans laquelle il s'était inséré, et il arrivait, casque en tête, lance au poing, caracolant comme dans les vieux tournois.

Les ennemis se trouvaient représentés par quelques assiettes de petits fours et des tasses à thé qui jonchèrent bientôt le sol.

La maîtresse de la maison commençait à manifester de sérieuses inquiétudes pour le reste de sa porcelaine, quand Baudru, pâle comme un mort, se précipita dans le salon.

— Dépêche-toi de descendre en bas, La Hurlotte ! V'là une ronde d'officier qui arrive. Tiens, prends ton fusil et ton sac.

Tout un monde de terreur tournoya sous le crâne de Guy. Les articles du Code militaire flamboyèrent devant ses yeux, en lettres livides : Conseil de guerre… abandon de son poste… Mort !

Tout cela en trois secondes !… Puis le sang-froid lui revint brusquement.

Se débarrasser de cette armure, il n'y fallait pas songer. La ronde aurait dix fois le temps d'arriver.

— Ma foi, tant pis ! je descends comme ça. Je trouverai bien une explication.

Il était temps. L'officier et son porte-falot n'étaient plus qu'à une cinquantaine de mètres de la guérite. Bravement, Guy se mit en posture, croisa la lance, et d'une voix forte, un peu étouffée par le casque baissé, cria : Halte-là !… qui vive ?

À cette brusque apparition, le soldat laissa choir son falot, et le brave capitaine Lemballeur, car c'était lui, ne put se défendre d'une vive émotion.

Si les aïeux de La Hurlotte avaient pu revenir sur terre à cette minute, ils eussent été satisfaits de leur descendant, car Guy, bardé de fer, casque en tête, la lance en arrêt, avait vraiment grande allure.

La lune éclairait cette scène.

Pourtant, la surprise du capitaine prit fin.

— Je parie que c'est encore vous, La Hurlotte ?

Après beaucoup d'efforts, Guy était enfin parvenu à lever la visière de son casque.

— Je vais vous dire, mon capitaine… Comme il faisait un peu froid.

— Oui, mon garçon, allez toujours. Je sais bien que ce n'est pas le toupet qui vous manque, mais celle-là est décidément trop raide ! Faites-moi le plaisir d'aller remettre cette ferblanterie où vous l'avez trouvée… et puis vous recevrez de mes nouvelles.

Guy termina sa faction en proie à une vive inquiétude, sentiment inaccoutumé chez lui.

De son côté, le capitaine Lemballeur n'était pas moins inquiet de la façon dont il libellerait le *motif* de la punition de La Hurlotte, car ses collègues en étaient encore à le blaguer avec la fameuse *attitude tumultueuse et gesticulatoire*.

Il rentra au poste, demanda le livre, se gratta la tête longuement et écrivit :

Deux jours de consigne au soldat de La Hurlotte. Étant de garde, a mis une tenue de fantaisie.

34. APHASIE

Celle-là, par exemple, dépassait tout ce que le capitaine Lemballeur avait vu de plus raide, et, mille pétards de Dieu ! il en avait vu de raides, le capitaine Lemballeur, dans toutes ses campagnes, en Crimée, au Mexique et partout, et partout, mille pétards de Dieu !

Le médecin, un jeune major frais émoulu du Val-de-Grâce, ne se démontait pas.

— Mais enfin, docteur, tonitruait le capitaine, vous ne me ferez croire que ce pétard de Dieu de clairon ne s'est pas f... de moi dans les grandes largeurs !

— Je ne le crois pas pour ma part, capitaine, car j'ai vu dans les hôpitaux des cas d'aphasie encore plus curieux que celui-là.

— Aphasie... aphasie ! je t'en f... moi, de l'aphasie... avec huit jours de boîte !

— Ma conscience de médecin m'interdit de laisser violenter cet homme, que je considère provisoirement comme un malade, et même un malade très intéressant. Je l'envoie aujourd'hui en observation à l'hôpital.

L'excellent capitaine Lemballeur s'inclina devant l'homme de science ; mais, c'est égal, mille pétards de Dieu ! elle était raide celle-là !

Pendant ce colloque, il y avait, dans une des chambres de la 3e du 4, deux hommes qui ne s'étaient jamais tant amusés.

Quand je dis deux hommes, je devrais dire un homme et un clairon.

L'homme était un soldat de deuxième classe, de fort élégante tournure, répondant au nom de Guy de La Hurlotte.

À la suite de quelques frasques dépassant les dimensions ordinaires des frasques admises, le vieux comte de la Hurlotte avait invité son fils à contracter un engagement de cinq ans dans l'infanterie française, et voilà comment le jeune Guy se trouvait l'honneur et la joie du 145e de ligne à L...

Le clairon qui partageait en ce moment la bonne humeur du vicomte n'était autre que son brosseur et fidèle ami, le nommé Jumet.

Et ils avaient de quoi rire doublement, les drilles !

D'abord, parce que l'aventure de la veille était en elle-même tout à fait drôle, et ensuite parce que, pouvant tourner très mal, elle avait un dénouement qu'ils n'auraient pas osé rêver.

La veille, un dimanche, Guy se trouvait consigné, ce qui lui arrivait plus souvent qu'à son tour.

Il faisait un temps superbe. Sur le coup de quatre heures, Guy n'y put résister ; il se mit en tenue et sortit de la caserne.

Justement, c'était le clairon Jumet, le dévoué Jumet, qui était de garde.

— Dis donc, Jumet, fit Guy, je suis consigné, mais je sors tout de même.

— Prends bien garde de te faire piger, mon vieux vicomte.

— Pas de danger, je vais dîner chez une femme adultère.

— Amuse-toi bien.

— Si l'adjudant fait sonner aux consignés, tu ne sonneras pas, hein ?

— Diable ! ça n'est pas commode, ça.

— Tu sonneras autre chose, voilà tout.

Et Jumet, qui, à l'instar de son ami Guy, n'avait jamais douté de rien, répondit simplement :

— Entendu, vicomte ; rapporte-moi un bon cigare.

— Je t'en rapporterai deux, mais je n'aime pas qu'on me mette le marché en main.

Et sur un cordial *shake-hand*, l'homme et le clairon se séparèrent.

Malheureusement pour l'homme, il n'avait pas fait cent mètres hors de la caserne, qu'il rencontra le terrible capitaine Lemballeur, celui-là même qui l'avait consigné.

Avec une admirable prestesse, Guy s'introduisit dans la première boutique qui lui tomba sous la main, mais pas assez vite pour que le capitaine ne l'eût reconnu.

Ravi de prendre La Hurlotte en défaut, le capitaine Lemballeur gagna la caserne à grands pas.

— Clairon, cria-t-il, sonnez aux consignés, mille pétards de Dieu ! et pas gymnastique !

Pauvre Jumet, en voilà une tuile !

Il essaya de parlementer.

— Mon capitaine, l'adjudant vient d'y faire *rappeler*.

— Je m'en fous! Rappelez-les encore, mille pétards de Dieu !

Lentement, tristement, penaudement, Jumet saisit son instrument et gagna le milieu de la cour.

Tarata... ta ! Tarata... ta ! Tarata... ta !

— Mais, espèce de brute ! s'écria Lemballeur, je vous dis de sonner aux consignés, mille pétards de Dieu ! et vous sonnez aux caporaux.

— Ah ! pardon, capitaine, je vous demande bien pardon. Tarata... tatata ! Tarata... tatata !

— Voilà qu'il sonne aux sergents, maintenant ! Mais il est saoul comme un cochon, ce pétard de Dieu-là!

Jumet s'excusa encore, et sonna successivement la soupe, la distribution, les malades, les lettres, le rapport, etc., mais pas du tout les consignés.

Toute la caserne était *sens dessus dessous*.

Le capitaine Lemballeur consistait en une explosion de *pétards de Dieu !*

Il empoigna Jumet au collet :

— Mille pétards de Dieu ! voulez-vous sonner aux consignés, oui ou non ?

Jumet se dégagea doucement, et sur un ton à la fois ferme et désolé :

— Je regrette beaucoup, mon capitaine, dit-il, mais JE NE ME RAPPELLE PLUS L'AIR.

Et il rentra au poste, très simplement.

Les menaces les plus terribles, la lecture du code militaire, rien n'y fit.

— Quand vous me fusilleriez, répondait-il avec la plus grande mansuétude, qu'est-ce que vous voulez que j'y fasse ? Je ne me rappelle plus l'air.

Le lendemain matin sur les conseils de Guy de La Hurlotte, Jumet se fit *porter* malade, et raconta son cas au docteur.

— C'est très curieux ce qui m'a pris hier. Le capitaine Lemballeur m'a commandé de sonner aux consignés, et je n'ai jamais été foutu de me rappeler l'air. Je dois avoir quelque chose de cassé dans la tête.

Le médecin l'interrogea sur ses antécédents, sa famille.

— J'ai une sœur qui est un peu *maboul*, répondit Jumet, et un oncle complètement *loufoc*.

— Parfaitement, c'est un cas très curieux d'aphasie.

Jumet fut soumis à la visite de tous les gros bonnets de la médecine militaire, qui furent unanimes à reconnaître l'aphasie, avec un commencement de paralysie.

Et le clairon Jumet fut réformé à la première inspection générale.

Guy de La Hurlotte perdit à cette aventure la crème des brosseurs et la perle des amis, mais la société civile y gagna, *raram avem*, un citoyen qui n'a qu'une parole.

35. UNE MORT BIZARRE

La plus forte marée du siècle (c'est la quinzième que je vois et j'espère bien que cette jolie série ne se clora pas de sitôt) s'est accomplie mardi dernier, 6 novembre.

Joli spectacle, que je n'aurais pas donné pour un boulet de canon, ni même deux boulets de canon, ni trois.

Favorisée par une forte brise S.-O., la mer clapotante affleurait les quais du Havre et s'engouffrait dans les égouts de ladite ville, se mélangeant avec les eaux ménagères, qu'elle rejetait dans les caves des habitants.

Les médecins se frottaient les mains :

« Bon, cela ! se disaient-ils ; à nous les petites typhoïdes! »

Car, le croirait-on ? le Havre-de-Grâce est bâti de telle façon que ses égouts sont au-dessous du niveau de la mer. Aussi, à la moindre petite marée, malgré l'énergique résistance de M. Rispal, les ordures des Havrais s'épanouissent, cyniques, dans les plus luxueuses artères de la cité.

Ne vous semble-t-il pas, par parenthèse, que ce saligaud[2] de François Ier, au lieu de traîner une existence oisive dans les brasseries à femmes du carrefour Buci, n'aurait pas mieux fait de surveiller un peu les ponts et chaussées de son royaume.

N'importe ! c'était un beau spectacle.

Je passai la plus importante partie de ma journée sur la jetée, à voir entrer des bateaux et à en voir sortir d'autres.

Comme la brise fraîchissait, je relevai le collet de mon pardessus. Je m'apprêtais à en faire autant pour le bas de mon pantalon (je suis extrêmement soigneux de mes effets), quand apparut mon ami Axelsen.

Mon ami Axelsen est un jeune peintre norvégien, plein de talent et de sentimentalité.

---

[2] Si, par hasard, un descendant de ce monarque se trouvait offusqué de cette appréciation, il n'a qu'à venir me trouver. Je n'ai jamais reculé devant un Valois.

A. A.

Il a du talent à jeun et de la sentimentalité le reste du temps.

À ce moment, la sentimentalité dominait.

Était-ce la brise un peu vive ? était-ce le trop-plein de son cœur ?... ses yeux se remplissaient de larmes.

— Eh bien ! fis-je, cordial, ça ne va donc pas, Axelsen ?

— Si, ça va. Spectacle superbe, mais douloureux souvenir. Toutes les *plus fortes marées du siècle* brisent mon pauvre cœur.

— Contez-moi ça.

— Volontiers, mais pas là.

Et il m'entraîna dans la petite arrière-boutique d'un bureau de tabac où une jeune femme anglaise, plutôt jolie, nous servit un *swenska-punch* de derrière les fagots.

Axelsen étancha ses larmes, et voici la navrante histoire qu'il me narra :

— Il y a cinq ans de cela. J'habitais Bergen (Norvège) et je débutais dans les arts. Un jour, un soir plutôt, à un bal chez M. Isdahl, le grand marchand de rogues, je tombai amoureux d'une jeune fille charmante à laquelle, du premier coup, je ne fus pas complètement indifférent. Je me fis présenter à son père et devins familier de la maison. C'était bientôt sa fête. J'eus l'idée de lui faire un cadeau mais quel cadeau ?... Tu ne connais pas la baie de Vaagen ?

— Pas encore.

— Eh bien, c'est une fort jolie baie dont mon amie raffolait, surtout en un petit coin. Je me dis : « Je vais lui faire une jolie aquarelle de ce petit coin, elle sera bien contente. » Et un beau matin me voilà parti avec mon attirail d'aquarelliste. Je n'avais oublié qu'une chose, mon pauvre ami : de l'eau. Or tu sais que si le mouillage est interdit aux marchands de vins, il est presque indispensable aux aquarellistes. Pas d'eau ! Ma foi, me dis-je, je vais faire mon aquarelle à l'eau de mer, je verrai ce que ça donnera.

Ça donna une fort jolie aquarelle que j'offris à mon amie et qu'elle accrocha tout de suite dans sa chambre. Seulement... tu ne sais pas ce qui arriva ?

— Je le saurai quand tu me l'auras dit.

— Eh bien, il arriva que la mer de mon aquarelle, peinte avec de l'eau de mer, fut sensible aux attractions lunaires, et sujette aux marées. Rien n'était plus bizarre, mon pauvre ami, que de voir, dans mon tableau, cette petite mer monter, monter, monter, couvrant les rochers, puis baisser, baisser, baisser, les laissant à nu, graduellement.

— Ah !

— Oui… Une nuit, c'était comme aujourd'hui la plus forte marée du siècle, il y eut sur la côte une tempête épouvantable. Orage, tonnerre, ouragan !

Dès le matin, je montai à la villa où demeurait mon amante. Je trouvai tout le monde dans le désespoir le plus fou.

Mon aquarelle avait débordé : la jeune fille était noyée dans son lit.

— Pauvre ami !

Axelsen pleurait comme un veau marin. Je lui serrai la main.

— Et tu sais, ajouta-t-il, c'est absolument vrai ce que je viens de te raconter là. Demande plutôt à Johanson.

Le soir même, je vis Johanson qui me dit que c'était de la blague.

36. LE RAILLEUR PUNI

J'ai voulu conter cette histoire, à l'occasion de l'année qui vient, pour prouver aux jeunes gens trop disposés à la raillerie qu'il est toujours malséant et parfois dangereux de se gausser des malheureux. Fasse le ciel que ce récit produise son effet, et que la nouvelle année soit exempte de déplorables plaisanteries et de méchants brocards !

C'était le 31 décembre 1826.

Il avait beaucoup neigé depuis quelques jours sur la petite ville de Potinbourg-sur-Bec, mais le dégel était survenu, et la neige tournait en boue noire.

Au coin de la rue Saint-Gaspard et de la place du Marché-aux-Veaux se dressait la boutique du sieur Hume-Mabrize, maître apothicaire, car, à cette époque, les pharmaciens n'étaient pas encore éclos.

On vendait non point des médicaments, mais des drogues, et, entre nous, le pauvre monde ne s'en trouvait pas plus mal.

Il pouvait être cinq heures du soir.

Hume-Mabrize, dans son laboratoire, élaborait je ne sais quel bienfaisant électuaire. La boutique était sous la garde du jeune Athanase, garçon apothicaire de beaucoup d'avenir, mais, malheureusement, doué d'un esprit caustique et railleur.

En ce moment, inoccupé, Athanase regardait, sur le seuil de la porte, les gens patauger dans la boue, prenant grande joie à cette contemplation cruelle.

Une grande voiture de coquetier arrivait par la rue Saint-Gaspard, à fond de train, éclaboussant les passants qui criaient et montraient le poing à cette brute de charretier.

Justement, devant la boutique de l'apothicaire, s'étendait une large et profonde flaque de boue.

---

[3] Ce petit conte a été publié, il y a cinq ans, détail important pour éviter toute confusion avec une histoire analogue — *oh combien !* — parue récemment sous la signature d'un jeune homme blême dont le père m'a accusé, devant Yvette Guilbert, de lui devoir deux termes, ce qui est faux.

Un monsieur, étranger à la localité, n'eut que le temps, pour ne pas être écrasé, de sauter sur le trottoir. Mais la roue de la voiture entra violemment dans la flaque et en projeta le contenu tout alentour.

Le monsieur étranger à la localité fut littéralement inondé de fange. Il en avait plein ses culottes, plein sa houppelande, sur le visage et jusque dans les cheveux.

Athanase conçut la plus vive allégresse de ce malheur. Il éclata de rire et, comme le monsieur s'éloignait en grommelant, il le rappela pour lui demander ironiquement :

— Voulez-vous une brosse ?

Le lendemain, c'était le premier jour de l'an.

La boutique de M. Hume-Mabrize était à peine ouverte qu'un garçon de l'auberge du Roi-Maure vint demander un lavement émollient pour un client qui se tordait dans les plus pénibles coliques.

— Bien, répondit l'apothicaire ; aussitôt préparé, Athanase ira l'administrer lui-même.

En ce temps, vous savez, le grand Éguisier n'avait pas accompli sa géniale invention et, presque toujours, les lavements étaient administrés par les apothicaires eux-mêmes ou par leurs garçons.

Comme une invention modifie les mœurs !

Hume-Mabrize prépara, avec son soin ornaire, un bon liquide émollient, sédatif et mucilagineux, l'introduisit bouillant dans le cylindre d'étain que vous savez, et voilà mon Athanase parti pour accomplir sa mission.

La clef du voyageur était sur la porte. Athanase entra.

Sans mot dire, le voyageur découvrit la partie intéressée.

Athanase, avec une attention et une précision professionnelles, fit son devoir.

Doucement, sans précipitation, le piston s'enfonça dans le cylindre, poussant devant lui le bon liquide, tel un docile troupeau, doux et tiède.

Là... ça y est !

Il n'y avait plus qu'à se retirer et à s'en aller.

Mais, tout à coup, comme un volcan, comme une explosion, il se produisit un phénomène inattendu.

Projeté violemment dehors, le bon liquide venait de sortir, comme déshonoré d'avoir été amené en tel endroit.

Le visage d'Athanase était là, tout près, à bout portant. Il n'en perdit pas une goutte.

Alors le voyageur tourna son autre face vers le jeune apothicaire et lui demanda sur le ton de la politesse empressée :

— Voulez-vous une brosse ?

37. EXCENTRIC'S

We are told that the sultan Mahmoud by his perpetual wars…
SIR CORDON SONNET.

Par un phénomène bizarre d'association d'idées (assez commun aux jeunes hommes de mon époque), l'Exposition de 1889 me rappelle celle de 1878.

À cette époque, dix printemps de moins fleurissaient mon front. C'est effrayant ce qu'on vieillit entre deux Expositions universelles, surtout lorsqu'elles sont séparées par un laps considérable.

Ma bonne amie d'alors, une petite brunette à qui l'ecclésiastique le plus roublard aurait donné le bon Dieu sans confession (or une nuit d'orgie, pour, elle, n'était qu'un jeu), me dit un jour à déjeuner :

— Qu'est-ce que tu vas faire, pour l'Exposition ?

— Que ferais-je bien pour l'Exposition ?

— Expose.

— Expose ?... Quoi ?

— N'importe quoi.

— Mais, je n'ai rien inventé !

(À ce moment, je n'avais pas encore inventé mon aquarium en verre dépoli, pour poissons timides. S. G. D. G.)

— Alors, reprit-elle, achète une baraque et montre un phénomène.

— Quel phénomène ?... Toi ?

Terrible, elle fronça son sourcil pour me répondre :

— Un phénomène, moi !

Et peut-être qu'elle allait me fiche des calottes, quand je m'écriai, sur un ton d'amoureuse conciliation :

— Oui, tu es un phénomène, chère âme ! un phénomène de grâce, de charme et de fraîcheur !

Ce en quoi je ne mentais pas, car elle était bigrement gentille, ce petit chameau-là.

Un coquet nez, une bouche un peu grande (mais si bien meublée), des cheveux de soie innombrables et une de ces peaux tendrement blanc-rosées, comme seules en portent les dames qui se servent de crème.

Certes, je ne me serais pas jeté pour elle dans le bassin de la place Pigalle, mais je l'aimais bien tout de même.

Pour avoir la paix, je conclus :

— C'est bon ! puisque ça te fait plaisir, je montrerai un phénomène.

— Et moi, je serai à la caisse ?

— Tu seras à la caisse.

— Si je me trompe en rendant la monnaie, tu ne me ficheras pas des coups ?

— Est-ce que je t'ai jamais fichu des coups ?

— Je n'ai jamais rendu de monnaie, alors je ne sais pas...

Si je rapporte ce dialogue tout au long, c'est pour donner à ma clientèle une idée des conversations que j'avais avec Eugénie (c'est peut-être Berthe qu'elle s'appelait).

Huit jours après, je recevais de Londres un nain, un joli petit nain.

Quand les nains anglais, chacun sait ça, se mêlent d'être petits, ils le sont à défier les plus puissants microscopes ; mais quand ils se mêlent d'être méchants, détail moins connu, ils le sont jusqu'à la témérité.

C'était le cas du mien. Oh ! la petite teigne !

Il me prit en grippe tout de suite, et sa seule préoccupation fut de me causer sans relâche de vifs déboires et des afflictions de toutes sortes.

Au moment de l'exhibition, il se haussait sur la pointe des pieds avec tant d'adresse, qu'il paraissait aussi grand que vous et moi.

Alors, quand mes amis me blaguaient, disant : « Il n'est pas si épatant que ça, ton nain » et que je lui transmettais ces propos désobligeants, lui, cynique, me répondait en anglais :

— Qu'est-ce que vous voulez... il y a des jours où on n'est pas en train...

Un soir, je rentrai chez moi deux heures plus tôt que ne semblait l'indiquer mon occupation de ce jour-là.

Devinez qui je trouvais, partageant la couche de Clara (je me rappelle maintenant, elle s'appelait Clara) !

Inutile de chercher, vous ne devineriez jamais.

Mon nain ! Oui, mesdames et messieurs, Clara me trompait avec ce british minuscule !

J'entrai dans une de ces colères !...

Heureusement pour le traître, je levai les bras au ciel avant de songer à le calotter. Il profita du temps que mes mains mirent à descendre jusqu'à sa hauteur pour filer.

Je ne le revis plus.

Quant à Clara, elle se tordait littéralement sous les couvertures.

— Il n'y a pas de quoi rire, fis-je sévèrement.

— Comment, pas de quoi rire ? Eh ben, qu'est-ce qu'il te faut à toi ?... Grosse bête, tu ne vas pas être jaloux d'un nain anglais ? C'était pour voir, voilà tout. Tu n'as pas idée...

Et elle se reprit à rire de plus belle, après quoi elle me donna quelques détails, réellement comiques, qui achevèrent de me désarmer.

C'est égal, dorénavant, je me méfiai des nains et, pour utiliser le local que j'avais loué, je me procurai un géant japonais.

Vous rappelez-vous le géant japonais de 1878 ? Eh bien ! c'est moi qui le montrais. Mon géant japonais ne ressemblait en rien à mon nain anglais.

D'une taille plus élevée, il était bon, serviable et chaste.

Ou, du moins, il semblait doué de ces qualités. J'ai raison de dire *il semblait*, car, à la suite de peu de jours, je fis une découverte qui me terrassa.

Un soir, rentrant inopinément dans la chambre de Camille (oui, c'est bien Camille, je me souviens), je trouvai, jonchant le sol, l'orientale défroque de mon géant, et dans le lit Camille... devinez avec qui !

Inutile de chercher, vous ne trouveriez jamais.

Camille, avec mon ancien nain !

C'était mon espèce de petit cochon de nain anglais, qui n'avait trouvé rien de mieux, pour rester près de Camille, que de se déguiser en géant japonais.

Cette aventure me dégoûta à tout jamais du métier de barnum.

C'est vers cette époque, qu'entièrement ruiné par les prodigalités de ma maîtresse, j'entrai en qualité de valet de chambre, 59, rue de Douai, chez un nommé Sarcey.

38. LE VEAU

conte de noël pour sara salis

Il y avait une fois un petit garçon qui avait été bien sage, bien sage.

Alors, pour son petit Noël, son papa lui avait donné un veau.

— Un vrai ?

— Oui, Sara, un vrai.

— En viande et en peau ?

— Oui, Sara, en viande et en peau.

— Qui marchait avec ses pattes ?

— Puisque je te dis un vrai veau !

— Alors ?

— Alors, le petit garçon était bien content d'avoir un veau seulement, comme il faisait des saletés dans le salon…

— Le petit garçon ?

— Non, le veau… Comme il faisait des saletés et du bruit, et qu'il cassait les joujoux de ses petites sœurs…

— Il avait des petites sœurs, le veau ?

— Mais non, les petites sœurs du petit garçon… Alors on lui bâtit une petite cabane dans le jardin, une jolie petite cabane en bois.

— Avec des petites fenêtres ?

— Oui, Sara, des tas de petites fenêtres et des carreaux de toutes couleurs… Le soir, c'était le Réveillon. Le papa et la maman du petit garçon étaient invités à souper chez une dame. Après dîner, on endort le petit garçon et ses parents s'en vont.

— On l'a laissé tout seul à la maison ?

— Non, il y avait sa bonne… Seulement, le petit garçon ne dormait pas. Il faisait semblant. Quand la bonne a été couchée, le petit garçon s'est levé et il a été trouver des petits camarades qui demeuraient à côté…

— Tout nu ?

— Oh non, il était habillé. Alors tous ces petits polissons, qui voulaient faire réveillon comme des grandes personnes, sont entrés dans la maison, mais ils ont été bien attrapés, la salle à manger et la cuisine étaient fermées. Alors, qu'est-ce qu'ils ont fait ?…

— Qu'est-ce qu'ils ont fait, dis ?

— Ils sont descendus dans le jardin et ils ont mangé le veau…

— Tout cru ?

— Tout cru, tout cru.

— Oh ! les vilains !

— Comme le veau cru est très difficile à digérer, tous ces petits polissons ont été très malades le lendemain. Heureusement que le médecin est venu ! On leur a fait boire beaucoup de tisane, et ils ont été guéris… Seulement, depuis ce moment-là, on n'a plus jamais donné de veau au petit garçon.

— Alors, qu'est-ce qu'il a dit, le petit garçon ?

— Le petit garçon… il s'en fiche pas mal.

39. EN VOYAGE

simples notes

À l'encontre de beaucoup de personnes que je pourrais nommer, je préfère m'introduire dans un compartiment déjà presque plein que dans un autre qui serait à peu près vide.

Pour plusieurs raisons.

D'abord, ça embête les gens.

Êtes-vous comme moi ? j'adore embêter les gens, parce quel les gens sont tous des sales types qui me dégoûtent.

En voilà des sales types, les gens !

Et puis, j'aime beaucoup entendre dire des bêtises autour de moi, et Dieu sait si les gens sont bêtes ! Avez-vous remarqué ?

Enfin, je préfère le compartiment plein au compartiment vide, parce que ce manque de confortable macère ma chair, blinde mon cœur, armure mon âme, en vue des rudes combats pour la vie (*struggles for life*).

Voilà pourquoi, pas plus tard qu'avant-hier, je pénétrais dans un wagon où toutes les places étaient occupées, sauf une dont je m'emparai, non sans joie.

Une seconde raison (et c'est peut-être la bonne) m'incitait à pénétrer dans ce compartiment plutôt que dans un autre, c'est que les autres étaient aussi bondés que celui-là.

Cet événement, auquel j'attache sans doute une importance démesurée, se passait à une petite station dont vous permettrez que je taise le nom, car elle dessert un pays des plus giboyeux et encore peu exploré.

Parmi les voyageurs de mon wagon, je citerai :

Deux jeunes amoureux, grands souhaiteurs de tunnels, la main dans la main, les yeux dans les yeux. Une idylle !

Cela me rappelle ma tendre jouvence. Une larme sourd[4] de mes yeux et, après avoir trembloté un instant à mes cils, coule au long de mes joues amaigries pour s'engouffrer dans les broussailles de ma rude moustache.

Continuez, les amoureux, aimez-vous bien, et toi, jeune homme, mets longtemps ta main dans celle de ta maîtresse, cela vaut mieux que de la lui mettre sur la figure, surtout brutalement.

À côté des amants s'étale un ecclésiastique gras et sans distinction, sur la soutane duquel on peut apercevoir des résidus d'anciennes sauces projetées là par suite de négligence en mangeant.

À votre place, monsieur le curé, je détournerais quelques fonds du denier de Saint-Pierre pour m'acheter des serviettes.

Près de l'ecclésiastique, un jeune peintre très gentil, dont j'ai fait la connaissance depuis.

Beaucoup de talent et très rigolo.

Près de la portière, un monsieur et son fils.

Le monsieur frise la quarantaine, le petit garçon a vu s'épanouir, cette année, son sixième printemps. Pauvre petit bougre !

Le père profite des heures de voyage pour inculquer la grammaire à son rejeton. Ils en sont au *Pluriel*, au terrible *Pluriel*.

Les mots en *al* font *aux*, excepté *chacal* et quelques autres que j'ai oubliés.

Les mots en *ail* aussi, excepté *éventail* et quelques autres dont la souvenance a disparu de mon cerveau.

Quand l'infortuné crapaud s'est fourré dans sa pauvre petite caboche la règle et ses exceptions, le professeur passe aux *exemples*, et c'est là qu'il apparaît dans toute sa beauté.

L'enfant tient une ardoise sur ses genoux et un crayon à la main.

— Tu vas me mettre ça au pluriel.

— Oui, papa.

— Fais bien attention.

— Oui, papa.

— *Le chacal, cet épouvantail du bétail, s'introduit dans un soupirail.*

---

[4] Il est malheureux que cette expression vieillisse, car elle est significative et utile. Amyot s'en est servi dans sa traduction de *Daphnis et Chloé* : « *Il y avait en ce quartier-là une caverne que l'on appelait la caverne des Nymphes, qui était une grande et grosse roche, au fond de laquelle sourdait une fontaine qui faisait un ruisseau dont était arrosé le beau pré verdoyant.* »

À ce moment, le jeune peintre me regarde, je regarde le jeune peintre, et, malgré mon sang-froid bien connu, j'éclate de rire et lui aussi.

Le père-professeur, tout à sa leçon, ne devine pas la cause de notre hilarité et continue.

Voici maintenant les mots en *ou*, dont certains prennent au pluriel un *s*, d'autres un *x*.

J'attends l'exemple. Il ne tarde pas :

Le pou est le joujou et le bijou du sapajou.

Le petit fait une distribution judicieuse d'*s* et d'*x*, et nous passons à la géographie.

Non, vous n'avez pas idée de la quantité énorme de fleuves qui se jettent dans la Méditerranée !

Il me semble que, de mon temps, il n'y en avait pas tant que ça.

Mon ami l'artiste me demande gravement comment, recevant toute cette eau, la Méditerranée ne déborde pas.

Je lui fais cette réponse classique : que la Providence a prévu cette catastrophe et mis des éponges dans la mer.

Le petit, qui nous a entendus, demande à son père *si c'est vrai*.

Le père, interloqué, hausse imperceptiblement les épaules, ne répond pas, et déclare la leçon terminée.

Encouragés par ce résultat, nous tâchons d'inculquer au petit garçon quelques faux principes.

— Savez-vous, mon jeune ami, pourquoi la mer, bien qu'alimentée par l'eau douce des rivières, est salée ?

— Non, monsieur.

— Eh bien, c'est parce qu'il y a des morues dedans.

— Ah ?

— Et l'ardoise que vous avez là sur vos genoux, savez-vous d'où elle vient ?

— Non, monsieur.

— Eh ! elle vient d'Angers, et c'est même pour ça que le métier de couvreur est si *dangereux*.

À ce moment, le père intervient et nous prie de ne pas fausser le jugement de son fils.

Nous répliquons avec aigreur :

— Avec ça que vous n'êtes pas le premier à le lui fausser, quand vous lui faites écrire que *les poux sont les joujoux et les bijoux des sapajoux* ! Si vous croyez que ça ferait plaisir à Buffon d'entendre de telles hérésies !

Nous entrons en gare.

Il était temps !

40. LE CHAMBARDOSCOPE

Je ne me rappelle plus qui, mais je crois bien que ce fut le jeune duc Honneau de la Lunerie, quelqu'un s'écria :

— Non, l'homme n'est pas un animal, ou si c'est un animal, c'est un animal supérieur.

Sur ce dernier mot, Laflemme perdit patience :

— Un animal supérieur, l'homme !... Voulez-vous avoir mon opinion sur l'homme ?

— Volontiers, Laflemme.

— L'homme est une andouille, la dernière des andouilles.

— Et la femme ?

— La femme en est l'avant-dernière.

— Tu es dur pour l'humanité, Laflemme.

— Pas encore assez ! C'est précisément l'humanité qui a perdu l'homme. Dire que cet idiot-là aurait pu être le plus heureux des animaux, s'il avait su se tenir tranquille ! Mais non, il a trouvé qu'il n'avait pas assez contre lui de la pluie du ciel, du tonnerre de Dieu, des maladies, et il a inventé la civilisation.

— Pourtant, Laflemme... interrompit le jeune duc Honneau de la Lunerie.

— Il n'y a pas de *pourtant*, duc Honneau ! véhémenta Laflemme. La civilisation, qu'est-ce que c'est, sinon la caserne, le bureau, l'usine, les apéritifs et les garçons de banque ?

... L'homme est si peu le roi de la Nature, qu'il est le seul de tous les animaux qui ne puisse rien faire sans payer. Les bêtes mangent *à l'œil*, boivent *à l'œil*... aiment *à l'œil*...

— Je te ferai remarquer, Laflemme, que beaucoup d'humains ne se gênent pas pour pratiquer cette dernière opération le plus ophtalmiquement du monde. Il existe même certains quidams qui en tirent de petits bénéfices.

— Parfaitement ! mais de quel opprobre l'humanité ne couvre-t-elle pas ces êtres ingénieux et charmants ! Je reviens à la question. Avez-vous jamais vu un daim se ruiner pour une biche ? Le cochon le plus dévoyé ne peut-il pas se livrer à toutes ses cochonneries sans qu'un de ses confrères, déguisé en sergent de ville ou en huissier, ne vienne lui présenter un mandat d'arrêt ou un billet à ordre !... Dites-le-moi franchement, qui de vous peut se vanter d'avoir assisté au spectacle d'une sarigue tirant un sou de sa poche !

Pas un de nous ne releva le défi.

Laflemme avait décidément raison : l'homme était un animal inférieur.

Le jeune duc Honneau de la Lunerie lui-même semblait écrasé sous l'éloquence documentaire de notre brave ami Laflemme.

Notre brave ami Laflemme n'était pas, comme on pourrait le croire, un paradoxal fantaisiste, un creux théoricien.

À peine au sortir de l'enfance, et même un peu avant, il avait mis en pratique ses théories sur la méprisabilité du travail.

Sa devise favorite était : *On n'est pas des bœufs*. Son programme : *Rien faire et laisser dire*.

La manifestation de ces farouches révolutionnaires qui réclamaient huit heures de travail par jour lui arracha de doux sourires, et il félicita de tout son cœur les gardiens de la paix (*sic*) qui assommèrent ces formidables idiots.

Laflemme ne possédait aucune fortune personnelle ou autre. Employé nulle part, il eût été mal venu à réclamer des appointements.

L'horreur instinctive qu'il avait de la magistrature en général et de Mazas en particulier le maintint dans le chemin d'une vertu relative.

Il lui arriva souvent d'emprunter des sommes qu'il négligea de rendre, mais toujours à des gens riches que ces transactions ne pouvaient gêner (une certaine sensibilité native lui tenant lieu de conscience).

Entre temps, il exécutait des besognes pitoyablement rémunératrices, mais coûtant si peu d'efforts, comme, par exemple, des romans pour le compte de M. Richebourg.

Un de ceux qu'il écrivit, dans ces conditions, est resté gravé au plus creux de tous les cœurs vraiment concierges. Il s'appelait, si mes souvenirs sont exacts :

La Belle Cul-de-Jatte
ou la Fille du Fou mort-né.

Tout l'argent que lui rapporta cette œuvre sensationnelle passa, d'ailleurs, à l'entretien d'une charmante jeune femme de Clignancourt, qu'il possédait pour maîtresse, et à qui sa taille exiguë avait valu le sobriquet de la môme *Zéro-Virgule-Cinq*.

Malgré ces faibles dimensions, la môme Zéro-Virgule-Cinq était douée d'appétits cléopâtreux et le pauvre Laflemme dut la céder, un beau soir, pour dix louis, à un Russe ivre-mort.

L'hiver approchait. Laflemme, assez frileux de sa nature, et dégoûté de patauger dans la boue frigide de Paris, alors qu'il fait si beau soleil dans le Midi, résolut d'aller passer l'hiver à Nice.

Il fit ses malles, lesquelles consistaient en une valise surannée, enleva la petite aiguille d'une vieille montre en nickel qu'il avait, mit la grande aiguille sur six heures et prit le train de Nice.

Encore peu de monde à Nice : la saison commençait à peine.

Laflemme s'installa dans un hôtel confortable, et, dès le premier dîner qu'il fit à la table d'hôte, intéressa vivement les voyageurs.

La conversation était tombée, comme il arrive à toutes les tables d'hôte de Nice, chaque jour que Dieu fait, sur le fameux tremblement de terre de 1886.

(À Nice, on ne connait que quatre sujets de conversation : la roulette de Monte-Carlo, le tremblement de terre de 86, les gens de marque arrivant OUpartant, et la joie généreuse qu'on éprouve à avoir chaud quand les Parisiens grelottent.)

— Le tremblement de terre ! dit Laflemme d'une voix douce, mais bien articulée. Les gens qui en seront victimes désormais, c'est qu'ils le voudront bien.

On dressa l'oreille d'un air interrogateur.

— Parfaitement, puisque la science permet maintenant de prévoir la catastrophe vingt-quatre heures avant son explosion.

Pour le coup, tous les dîneurs se suspendirent aux lèvres de Laflemme.

— Comment ! vous ne connaissez pas le *chambardoscope*, cet instrument inventé par un prêtre irlandais ?

Aucun de ces messieurs et dames ne connaissait le *chambardoscope*.

Laflemme sortit sa fameuse vieille montre de nickel.

— Vous voyez, ça n'est pas bien compliqué. L'instrument ressemble un peu à une montre, à cette différence près qu'il ne comporte qu'une aiguille. L'intérieur consiste en un appareil extrêmement sensible aux courants telluriques qui travaillent le sol. La façon de s'en servir est des plus simples.

Vous placez l'instrument à plat, comme ceci, de façon que l'aiguille soit bien dans l'axe du méridien, comme cela. Si l'aiguille se maintient sur le chiffre 6, rien à craindre. Si l'aiguille incline à droite du 6, c'est qu'on a affaire à des courants telluriques positifs. Si, au contraire, elle se dirige à gauche, cela annonce des courants telluriques négatifs, plus dangereux que les autres.

Tous les yeux se fixaient, attentifs, sur l'aiguille, qui se maintint impassiblement au chiffre 6.

— Nous pouvons dormir sur nos deux oreilles, conclut gaiement Laflemme.

À partir de ce jour, Laflemme fut l'enfant gâté de l'hôtel. Au déjeuner, au dîner, il devait sortir son chambardoscope.

— Encore rien aujourd'hui ! Allons, ça va bien !

Et les visages de refléter la sérénité.

Le matin du septième jour, Laflemme descendit plus tôt que de coutume. Il prit en particulier le patron de l'hôtel.

— Ayez la bonté de me préparer ma note. Je télégraphie à Paris pour qu'on m'envoie de l'argent, et je file ce soir.

— Qu'y a-t-il donc ?

— Voyez plutôt.

Le chambardoscope marquait 9 et demi. Courants telluriques négatifs, les pires de tous ! Ça n'allait pas traîner.

Le patron blêmit.

— Surtout, n'en dites rien à personne… Votre instrument peut se tromper.

— Mon devoir me commande d'avertir tout le monde.

— N'en faites rien, je vous en conjure.

Et le pauvre homme blêmissait toujours. Cette révélation, c'était l'hôtel vidé sur l'heure, la saison perdue, la ruine !

— Tenez, monsieur Laflemme, voici votre note acquittée, faites-moi l'amitié de partir tout de suite.

— Mais je n'ai pas d'argent pour le voyage.

— Voici 200 francs, mais partez sans rien dire.

Laflemme mit gravement la note acquittée dans son portefeuille, les dix louis dans son porte-monnaie et prit le train.

Il passa une délicieuse journée à Cannes et revint, le soir même, s'installer dans un excellent hôtel de Nice, — pas le même, bien entendu.

Le chambardoscope excita le même intérêt dans ce nouvel endroit que dans le précédent.

Je ne fatiguerai pas le lecteur au récit monotone des aventures de Laflemme dans les hôtels de Nice.

Qu'il vous suffise de savoir que le coup du chambardoscope ne rata jamais.

La roulette de Monte-Carlo, touchée de tant d'ingéniosité, se transforma en *alma parens* pour Laflemme qui revint, au printemps, gros, gras, souriant et non dénué de ressources.

C'est à ce moment-là qu'il ajouta à sa devise favorite, un peu triviale, de : *On n'est pas des bœufs*, celle plus élégante et néo-darwinienne de : *Truc for life* !

41. UNE INVENTION

MONOLOGUE POUR CADET

Si quelqu'un m'avait dit que je ferais une invention, j'aurais été bien étonné ! Et vous savez… pas une de ces petites inventions de rien du tout, non… une invention sérieuse.

Je ne dis pas que ce soit une de ces inventions qui bouleversent un siècle, non, mais !…

C'est drôle comme ça vous vient, une invention… au moment où on s'y attend le moins !

C'est l'histoire de l'œuf de Christophe Colomb !

Colomb ne pensait pas plus à découvrir l'Amérique qu'à rien du tout… Voilà que ses yeux tombent sur un œuf dur… Alors, il se dit : … Je ne me rappelle pas ce qu'il s'est dit, mais enfin ça lui a donné l'idée de découvrir l'Amérique.

Mon invention, à moi, ne m'est pas venue comme ça.

Il n'y a pas d'œuf dur dans la mienne.

Je ne pose pas, moi ! Je n'ai pas un esprit en coup de foudre, mais j'ai de la logique, une logique serrée, une de ces logiques… serrées !

Voilà comment je l'ai trouvée, mon invention.

Il pleuvait à verse, une de ces, pluies ! Ah ! quel joli temps !

Auprès de ce temps-là, le déluge universel aurait pu être considéré comme de la sécheresse.

Justement j'avais une course pressée. Je me trouvais sous les arcades de la rue de Rivoli…

Et je me disais : Quel dommage que toutes les rues de Paris ne soient pas bâties comme la rue de Rivoli…

On s'en irait au sec, sous les arcades, où l'on voudrait. Ce serait charmant !… Si j'étais le gouvernement, je forcerais les propriétaires à bâtir leurs maisons avec des arcades.

Ce ne serait peut-être pas libéral.

Non, pas d'arcades, mais qu'est-ce qui empêcherait les boutiquiers de tendre devant leurs boutiques des toiles qui abriteraient les passants ?

La Chambre ferait une loi pour forcer les commerçants à dresser des tentes pendant la pluie.

Puis, tout à coup… vous me suivez bien, n'est-ce-pas ?… je vais vous faire assister (*Solennel*) à la genèse de mon idée… je me suis dit : Mais pourquoi chaque citoyen n'aurait-il pas sa petite tente à lui ? Une petite toile soutenue par des bâtons légers, du bambou, par exemple, qu'on porterait soi-même, au-dessus de sa tête, pour se garantir de la pluie.

Mon invention était faite !… Il ne restait plus qu'à la rendre pratique.

Voilà ce que j'ai imaginé :

Figurez-vous une étoffe… soie, alpaga, ce que vous voudrez… taillée en rond et tendue sur des tiges en baleine. Toutes ces tiges sont réunies au centre, autour d'un petit rond de métal qui glisse le long d'un bâton, comme qui dirait une canne.

Quand il ne pleut pas, les baleines sont couchées le long du manche avec l'étoffe… Dans ce cas-là, vous vous servez de mon appareil comme d'une canne.

Crac ! il pleut !… Vous poussez le petit étui le long du manche… les baleines se tendent, l'étoffe aussi… Vous interposez cet abri improvisé entre vous et le ciel, et vous voilà garanti de la pluie.

Ça n'est pas plus difficile que ça, mais il fallait le trouver.

Je vous fais le pari qu'avant trois mois mon instrument est dans les mains de tout le monde.

On pourra en établir à tous les prix, en coton pour les classes pauvres, en soie pour les personnes aisées.

Ce n'est pas le tout d'inventer, il faut baptiser son invention.

J'avais songé à des mots grecs, latins, comme on fait dans la science. Puis, j'ai réfléchi que ce serait prétentieux.

Alors je me suis dis : Voyons… j'ai fait une invention simple, donnons-lui un nom simple. Mon appareil est destiné à parer à la pluie, je l'appellerai Parapluie.

Mais je cause, je cause. Je vais prendre mon brevet au ministère, je n'ai pas envie qu'on me vole mon idée. Car, vous savez, quand une idée est dans l'air, il faut se méfier.

42. LE TEMPS BIEN EMPLOYÉ

À cette époque-là, — voilà bien une pièce de dix ans ; comme le temps passe ! — je payais mon loyer à des intervalles inégaux, mais peu rapprochés.

Ça n'a pas beaucoup changé depuis, mais maintenant, j'ai une bonne propriétaire, qui se contente de me dire entre temps :

— Eh bien! monsieur A…, pensez-vous à moi ?

— Mais oui, madame C…, lui souris-je irrésistiblement, je n'arrête pas d'y penser.

Et elle reprend, douloureuse.

— C'est que je suis bien gênée, en ce moment.

— Pas tant que moi, madame C…, pas tant que moi !

À l'époque dont je parle, je me trouvais en proie à un propriétaire qui ne se fit aucun scrupule d'éparpiller aux quatre vents des enchères publiques mon mobilier hétéroclite et mes collections (provenant en grande partie d'objets dérobés).

Je ne fis ni une ni deux, et, dégoûté du quartier Latin, j'allai me nicher dans le premier hôtel venu du quartier Poissonnière, parfaitement inconnu de moi, d'ailleurs.

Maison calme, patriarcale, habitée par des gens qu'on ne rencontrait jamais dans les escaliers et qui se couchaient à des heures incroyables de nuit peu avancée.

J'en rougissais.

J'avais beau rentrer comme les poules, c'était toujours moi le dernier couché.

Je ne connaissais pas mes colocataires, mais leurs chaussures n'avaient aucun mystère pour moi.

À la lueur de mes allumettes-bougies (de contrebande), je les connus et les reconnus, sans jamais me tromper.

Par exemple, je savais que le 7 chaussait couramment de gros brodequins en cuir fauve, tandis que le 12 avait adopté la bottine en chevreau à boutons.

Et toutes ces chaussures, rangées sur leur paillasson respectif, me semblaient, dans la nuit des couloirs, autant de muets reproches.

— Comment ! disaient les bottines à élastiques du 3, tu rentres seulement et voici l'aurore.

Les souliers vernis du 14 reprenaient :

— Vil débauché, d'où viens-tu ? Du tripot, sans doute, ou de quelque endroit pire encore !

Et je m'enfuyais, confus, par les couloirs ténébreux.

Une seule consolation m'était réservée : un paillasson qui ne m'insultait pas.

Non pas qu'il fût jamais veuf de cuir au contraire, toujours deux paires, une de femme, une d'homme.

Celle de femme, jolie, minuscule, adorablement cambrée et visiblement toujours au service des mêmes petits pieds.

Celle d'homme, ondoyante, diverse et jamais la même que la veille ou le lendemain.

Des fois, bottes élégantes ; d'autres jours, solides chaussures à cordons ; ou bien larges souliers plats, pleins de confort.

Mais toujours de la bonne cordonnerie, cossue.

Les hommes se renouvelaient, et on devinait en eux des gaillards à leur aise.

Et, en somme, se renouvelaient-ils tant que ça ?

Pas tant que ça, car, à force d'habitude, j'arrivai à les reconnaître et à savoir leur jour.

Ainsi, les solides chaussures passaient sur le paillasson infâme la nuit du mardi au mercredi.

La nuit du mercredi au jeudi était réservée aux bottes fines, et ce fut toujours le dimanche soir que je remarquai les larges souliers plats.

Un seul jour de la semaine, ou plutôt une seule nuit, les jolies petites bottines restaient seules.

Et ce qu'elles avaient l'air de s'embêter, les pauvres petites !

Souvent j'eus l'idée de leur proposer ma société, mais je ne les connaissais vraiment pas assez pour ça.

Et régulièrement, toutes les nuits du jeudi, les petites bottines se morfondaient en leur pitoyable solitude.

Je n'avais jamais vu la dame hospitalière, mais je grillais du désir d'entrer en relations avec elle ; ses bottines étaient si engageantes !

Et un beau jour, dans l'après-midi, je frappai à la porte.

Une manière de petite bourgeoise infiniment jolie, un peu trop sérieuse peut-être, vint m'ouvrir.

Je crus m'être trompé, mais un rapide coup d'œil sur les bottines me rassura : C'était bien la personne.

J'incendiai mes vaisseaux et déclarai ma flamme.

Elle écouta ma requête avec un petit air grave, en bonne commerçante qui recevrait une commande et se verrait désolée de la refuser :

— Je suis navrée, monsieur, mais, impossible… tout mon temps est pris.

— Pourtant, insistai-je, le jeudi ?

Elle réfléchit deux secondes.

— Le jeudi ? J'ai mon cul-de-jatte.

43. FAMILLE

Ribeyrou et Delavanne, les deux inséparables, avaient passé cet après-midi de dimanche au quartier Latin. Avec une conscience scrupuleuse, ils avaient visité tous les caboulots à filles et les grands cafés.

Vers sept heures, ils se souvinrent brusquement d'une invitation à dîner boulevard de Clichy.

L'omnibus de la place Pigalle leur tendait les bras. Ils s'y installèrent, légèrement émus.

Sur le parcours de ce véhicule se trouve le quai des Orfèvres.

Bien curieux, ce quai. Toutes les maisons s'y ressemblent : boutiques au rez-de-chaussée, et au-dessus des boutiques un petit entresol très bas, qui semble plutôt une cabine de bateau qu'un appartement de terre ferme.

Comme les boutiques sont elles-mêmes assez basses, les omnibus sont juste à la hauteur de l'entresol, et pour peu qu'ils passent au ras du trottoir, on plonge dans les intérieurs avec une étonnante facilité.

Ce fut précisément le cas de Ribeyrou et Delavanne. Un encombrement de voitures arrêta leur omnibus et, pendant une grande minute, ils se trouvèrent mêlés malgré eux à une réunion de famille.

C'était devant la boutique d'un graveur héraldique.

Tout le monde se trouvait réuni, là, autour d'une table où fumait un potage appétissant.

Il y avait le papa, la maman, deux grandes jeunes filles, *habillées pareil*, d'une vingtaine d'années, et une autre petite fille.

Il faisait un temps superbe, ce soir-là, et ces braves gens dînaient la fenêtre ouverte.

L'omnibus était si près qu'on sentait un délicieux fumet de pot-au-feu.

Ribeyrou et Delavanne, complètement médusés par ce tableau d'intérieur, sentaient déjà une douce émotion mouiller leurs paupières.

L'omnibus s'ébranla.

Delavanne rompit le silence.

— Voilà la vie de famille.

— Ah ! que ce doit être bon ! répondit Ribeyrou.

— Meilleur que la vie que nous menons.

— Et moins éreintant.

— Tiens ! veux-tu, descendons. Je veux revoir ces braves gens encore une fois.

Malheureusement, à pied, on ne voit pas si bien. Tout au plus aperçurent-ils le rond de lumière que faisait la lampe sur le plafond.

Ils poussèrent jusqu'à la place Saint-Michel, prirent une absinthe, *la dernière*, et regrimpèrent sur un omnibus en partance.

Cette fois, il n'y avait pas d'encombrement sur le quai. L'entresol leur passa devant les yeux, charmant, mais trop rapide.

Ils virent à peine la maman qui servait le bœuf. Et encore, était-ce du bœuf ?

— Ah ! la vie de famille ! reprit Ribeyrou avec un gros soupir.

— Est-ce que ça ne te rappelle pas les intérieurs hollandais de… de ce peintre, tu sais ?...

— Oui, je sais ce que tu veux dire… un peintre flamand.

— Précisément.

— Veux-tu les revoir encore une fois ?

— Volontiers.

Et le manège recommença, non pas une fois, mais dix fois, et toujours scandé par l'absinthe, *la dernière*, place Saint-Michel.

Les contrôleurs du bureau commençaient à s'inquiéter de cette étrange conduite. Mais comme les deux voyageurs, en somme, se comportaient comme tout le monde, il n'y avait rien à dire.

Ils prenaient l'omnibus, contemplaient, descendaient, remontaient sur le suivant, etc.

Pendant ce temps, la famille du graveur héraldique poursuivait son repas sans se douter que deux jeunes gens les suivaient avec tant d'attendrissement.

Après le bœuf était venu le gigot, et puis des haricots, et puis de la salade, et puis le dessert.

À ce moment-là, le temps devenant plus frais, on ferma la fenêtre.

Une des jeunes filles se mit au piano. Une autre chantait.

Du quai, on n'entendait rien, mais on devinait facilement que cette musique devait être charmante.

À force de prendre des absinthes, toujours *la dernière*, les amis éprouvaient une violente émotion. Ils pleuraient comme des veaux, littéralement.

— Ah ! la vie de famille !

À un moment, Delavanne sembla prendre une grande résolution.

— Tiens ! nous sommes des imbéciles de nous désoler. Tout ça peut bien s'arranger. Si tu veux, nous allons monter chez ces gens demander la main des demoiselles.

Vous devinez l'accueil.

Le graveur héraldique, d'abord ahuri, leur répliqua par une allocution d'une extrême vivacité, où le terme de *sale pochard* revenait avec une fréquence regrettable.

Delavanne se drapa dans une dignité prodigieuse :

— Votre refus, monsieur l'artisan, ne perdrait rien à être formulé en termes plus choisis.

— Avec tout ça, objecta Ribeyrou, il nous faut regagner Montmartre. Prenons l'omnibus.

— Oh ! non, plus d'omnibus ; je commence à en avoir assez.

Le lendemain matin, les deux amis, après une nuit tumultueuse, se retrouvèrent aux environs du bastion de Saint-Ouen, sans pouvoir reconstituer la chaîne des événements qui les avaient amenés dans cet endroit hétéroclite.

En buvant *le dernier* mêlé-cassis, Ribeyrou fut pris d'un éclat de rire.

— Je sais ce que tu as, exclama Delavanne : tu penses au graveur héraldique d'hier.

— Ah ! oui... dans leur entrepont !

— Crois-tu, hein ?...

— Quelles moules !

Et ils allèrent se coucher.

44. COMFORT

Je ne sais pas si vous êtes comme moi, mais j'adore l'Angleterre.

Je lâcherais tout, même la proie, pour Londres.

J'aime ses bars, ses music-halls, ses vieilles femmes saoules en chapeau à plume.

Et puis, il y a une chose à se tordre qui vaut, à elle seule, le voyage : c'est la contemplation du *comfortable* anglais.

Le monsieur qui, le premier, a lancé la légende du *comfortable* anglais était un bien prodigieux fantaisiste. J'aimerais tant le connaître !

Le *comfortable* anglais !... Oh ! laissez-moi rire un peu et je continue.

D'ailleurs ça m'est bien égal, le confortable.

Quand on a été, comme moi, élevé à la dure par un père spartiate et une mère lacédémonienne, on se fiche un peu du confortable.

Les serviettes manquent-elles ? je m'essuie au revers de ma manche. Les draps de lit ont-ils la dimension d'un mouchoir de poche ? eh ! je me mouche dedans, puis, pirouettant sur mes talons, je sifflote quelque ariette en vogue.

Voilà ce que j'en fais du confortable, moi.

Et je ne m'en trouve pas plus mal.

Pourtant, une fois...

(J'avertis mes lectrices anglaises que l'histoire qui suit est d'un *shocking*...)

Pourtant, une fois, dis-je, j'aurais aimé voir London (c'est ainsi que les gens de l'endroit appellent leur cité) un tantinet plus confortable.

À Londres, vous savez, ça n'est pas comme à Paris.

Dans un sens particulier, dans le sens *chalet*, Paris est une véritable petite Suisse.

Il est vrai — oh ! le beau triomphe que de casser l'aile aux rêves ! — il est vrai qu'au gentil mot de *chalet*, le langage administratif ajoute de *nécessité*.

Qu'importe, ô Helvétie !

À propos d'Helvétie, c'était justement la mienne — je reviens à mes moutons — qui se trouvait cruellement en jeu, ce jour-là.

J'avais bu beaucoup d'*ale*, pas mal de *stout* et un peu trop de *porter*.

Je regagnais mon logis. Il pouvait être cinq ou six heures du soir.

À l'entrée de *Tottenham Court Road*, je regrettai vivement… le boulevard Montmartre par exemple.

Le boulevard Montmartre est bordé, sur ses trottoirs, de kiosques à journaux, de colonnes Morris, et de… comprenez, Parisiens.

Tottenham Court Road, une belle artère, d'ailleurs, manque en totalité de ces agréments de la civilisation, et vous savez qu'en Angleterre il est absolument dangereux de lire les affiches de trop près.

Entrer quelque part et demander au concierge… dites-vous ?… Doux rêveurs !

En Angleterre, nul concierge. (Ça, par exemple, c'est du confortable.)

Alors, quoi ?

Mon *ale*, mon *stout*, mon *porter* s'étaient traîtreusement coalisés pour une évasion commune, et je sentais bien qu'il faudrait capituler bientôt.

Pourrais-je temporiser jusqu'à *Leicester Square* ? *That was the question*.

Je fis quelques pas. Une angoisse aiguë me cloua sur le sol.

Chez moi le besoin détermine le génie.

J'avisai un magasin superbe, sur les glaces duquel luisaient, en lettres d'or, ces mots : ALBERT FOX, *chimist and druggist*.

J'aime beaucoup les pharmacies anglaises à cause de l'extrême diversité des objets qu'on y vend, petites éponges, grosses éponges, cravates, jarretières, éponges moyennes, etc.

J'entrai résolument.

— Good evening, sir.

— Good evening, sir.

— Monsieur, continuai-je en l'idiome de Shakespeare, je crois bien que j'ai le diabète…

— Oh ! reprit le *chemist* dans la même langue.

— Yes, sir, et je voudrais m'en assurer.

— La chose est tout à fait simple, sir. Il n'y a qu'à analyser votre... do you understand ?

— Of course, I do.

Et pour que je lui livrasse l'échantillon nécessaire, il me fit passer dans un petit laboratoire, me remit un flacon de cristal surmonté d'un confortable entonnoir.

Quelques secondes, et le flacon de cristal semblait un bloc de topaze.

Je me rappelle même ce détail, — si je le note, ce n'est pas pour me vanter, car je suis le premier à trouver la chose dégoûtante, — le flacon étant un peu exigu, je dus épancher l'excédent de topaze dans quelque chose de noir qui mijotait sur le feu.

Sur l'assurance que mon analyse serait scrupuleusement exécutée, je me retirai, promettant d'en revenir chercher le résultat le lendemain à la même heure.

— Good night, sir.

— Bonsoir, mon vieux.

Le lendemain, à la même heure, le steamer *Pétrel* cinglait vers Calais, recélant en sa carène un grand jeune homme blond très distingué qui s'amusait joliment.

C'est égal, si jamais je deviens réellement diabétique, je croirai que c'est le dieu des *english chemists* qui se venge.

45. ABUS DE POUVOIR

Lorsque je fus parvenu, ma chère Hélène, à l'âge où les jeunes hommes choisissent leur carrière, j'hésitai longuement entre l'état ecclésiastique et la chapellerie.

J'aurais bien voulu me faire prêtre, rapport à la confession, mais, pour des motifs qu'on trouvera développés tout au long dans un petit opuscule de moi, récemment paru chez Gauthier-Villars, la chapellerie ne laissait pas que de me taper violemment dans l'œil.

Si violemment, qu'en fin de compte, j'optai pour cette profession.

La vieille tante qui m'a élevé s'informa d'une bonne maison où je pusse sucer le meilleur lait des premiers principes, et, à quelques jours de là, j'entrais, en qualité de jeune commis, chez MM. Pinaud et Amour, rue Richelieu.

La maison Pinaud et Amour se composait, à cette époque, comme l'indique son nom, d'un nommé Pinaud et d'un nommé Amour.

Mes nouveaux patrons me prirent tout de suite en amitié.

Le fait est que j'avais tout pour moi : physique avantageux, manières affables, vive intelligence des affaires, de la conversation, aperçus ingénieux, vives ripostes, et (ce qui ne gâte rien) une probité relative ou à peu près.

Avec cela, musicien, doué d'une voix de *mezzo-soprano* d'un charme irrésistible.

N'oublions pas, puisque nous sommes sur ce chapitre, et bien que la chose ne comporte qu'un intérêt indirect, ma peu commune aptitude aux sciences physiques et naturelles.

MM. Pinaud et Amour semblaient enchantés de leur nouvelle recrue et me traitaient avec une foule d'égards.

Bref, les choses marchaient comme sur Déroulède, quand arriva le 14 juillet.

Je ne sais si vous l'avez remarqué, mais, le 14 juillet, il y a beaucoup de petits bals publics installés sur les places et carrefours de Paris.

Je dis *des petits bals publics*, je ne sais pas pourquoi, car il y en a aussi des grands, ce qui était le cas de celui qui s'accomplissait, cette année-là, place de la Bourse.

On ferma le magasin à midi et les patrons donnèrent *campo* à leurs employés.

Tudieu ! messeigneurs, quel entrain, quelle vaillance !

Oh ! les tailles qui s'abandonnent entre les bras d'acier !

Oh ! les tendres aveux murmurés entre gens qui ne se connaissaient pas le matin !

14 juillet ! Sois à jamais bénie, date sacrée, car tu fais gagner joliment du temps aux amoureux et même aux autres.

Je me souviendrai longtemps que ce fut ce jour-là que je connus les deux premiers journalistes de ma vie.

Il s'agit de M. Mermeix, alors rédacteur au *Gaulois*, et de M. Mayer-Lévy (israélite, je crois).

Cette jolie fête faillit être gâtée par un accident regrettable : un petit garçon, voulant attraper les cymbales, se hissa sur l'estrade des musiciens. Le pied lui manqua, et voilà mon bonhomme par terre.

Malheureusement, les cymbales glissèrent également et firent au jeune imprudent une assez forte bosse au front.

Pendant qu'on l'emportait chez un pharmacien, une jeune fille me demanda :

— Qu'y a-t-il donc ?

— Oh ! rien, fis-je.

Et, parodiant un vers bien connu de notre grand poète national, j'ajoutai plaisamment :

L'enfant avait reçu des cymbal' sur la tête.

Sans s'émouvoir, et du tic au tac, la jeune fille répondit sur le même ton que moi :

Il aimait trop les cymbales, c'est ce qui l'a tué.

J'admirai tant d'esprit et de sang-froid chez une frêle jeune fille (elle était frêle) et je lui vouai sur l'heure la plus ardente des flammes.

(Ne froncez pas votre sourcil, Hélène, à ce lointain souvenir. Vous savez bien que je n'aime que vous. D'ailleurs, vous verrez par la suite que mes relations avec la frêle jeune fille demeurèrent des moins effectives.)

La frêle jeune fille (ai-je dit qu'elle était frêle ?) s'appelait Prudence.

Elle ne mit aucune mauvaise grâce à déclarer qu'elle me trouvait assez conforme à son genre d'idéal, et nous voilà les meilleurs amis du monde.

Fort avant dans la nuit et après avoir dansé, tels des perdus, je reconduisis Prudence chez sa maman.

Mais elle avait mon adresse, et mille fois par jour, elle passait et repassait devant mon magasin.

Moi, je me sentais bien content, bien content.

Le dimanche suivant, c'était convenu, Prudence devait couronner ma flamme.

Mais le fameux dimanche suivant, au moment où j'allais sortir, après avoir mis ma plus belle cravate, mon second patron, M. Amour, me demanda :

— Où allez-vous, Émile ?

— Mais… je sors.

— Vous ne sortirez pas.

— Si, je sortirai !

— Non, vous ne sortirez pas, il y a de l'ouvrage.

— Si, je sortirai !

Et M. Amour m'empoigna et me fit rentrer dans l'arrière-boutique.

À ce moment, je n'avais pas encore acquis cette prodigieuse robustesse qui a fait de moi la Terreur de Clichy-Levallois.

La rage au cœur, je me débattis, mais vainement. M. Amour me tenait d'une poigne de fer.

Pendant ce temps-là, Prudence filait avec Dieu sait qui, car on ne l'a jamais revue.

Amour, Amour, quand tu nous tiens, on peut bien dire : Adieu Prudence !

FIN

UltraLetters vous invite à lire ou relire...

Collection Classiques

Alphonse Allais, *A se tordre*
Hans Christian Andersen, *Contes d'Andersen*
Charles Baudelaire, *Pauvre Belgique!*
Henri Bergson (œuvres majeures)
      1. *Essai sur les données immédiates de la conscience*, 1889
      2. *Matière et Mémoire*, 1896
      3. *Le Rire. Essai sur la signification du comique*, 1899
      4. *L'Évolution créatrice*, 1907
      5. *L'Énergie spirituelle*, 1919
      6. *Durée et simultanéité*, 1922
      7. *Les Deux Sources de la morale et de la religion*, 1932
      8. *La Pensée et le mouvant*, 1934
Lewis Carroll,
      Alice au pays des merveilles (illustré)
      Alice au pays des merveilles (édition bilingue anglais-français)
Hendrik Conscience, *De Leeuw van Vlaanderen (édition néerlandaise)*
James Fenimore Cooper, *Le Dernier des Mohicans*
Charles Darwin, *L'Origine des espèces*
Charles Dickens, *A Christmas Carol (édition bilingue anglais-français)*
Erasme, *Eloge de la folie*
Gustave Flaubert,
      L'éducation sentimentale
      Madame Bovary
      Salammbô
Frères Grimm, *80 contes*
Jerome K. Jerome, *Three Men in a Boat (édition bilingue anglais-français)*
Comte de Lautréamont, *Les Chants de Maldoror, suivi de Poésies I et II*
Gustave Le Bon, *Psychologie des foules*
Camille Lemonnier, *Un Mâle*
Jack London,
      The Call of the Wild (édition anglaise)
      Love of Life (édition bilingue anglais-français)
Nicolas Machiavel, *Le Prince*
Karl Marx & Friedrich Engels, *Manifeste du parti communiste*
Thomas More, *L'Utopie*
William Shakespeare, *Roméo et Juliette*
Sophocle, *Antigone (édition anglaise)*
Robert Louis Stevenson, Dr. Jekyll et Mr. Hyde *(édition bilingue anglais-français)*
Sun Tzu, *L'Art de la guerre*
Oscar Wilde,
      L'Âme humaine sous le régime socialiste
      Le Crime de Lord Savile et autres contes

Le Portrait de Dorian Gray
The Picture of Dorian Gray (édition anglaise)
The Picture of Dorian Gray (édition bilingue anglais-français)
The Soul of Man under Socialism (édition bilingue anglais-français)
Arthur Young, *Voyages en France: En 1787, 1788, 1789 et 1790*
Richard Wagner, *Dix écrits de Richard Wagner*

Collection Humour

Jean Aymard de Vauquonery, *Mémoires d'un amnésique*

Ultraletters

www.ingramcontent.com/pod-product-compliance
Lightning Source LLC
Chambersburg PA
CBHW061728020426
42331CB00006B/1146